DAS GROSSE SPIELEBUCH

für Senioren

111 Spiele

zum Gedächtnistraining, Bewegen, Wahrnehmen und Spaßhaben

Verlag an der Ruhr

IMPRESSUM

Titel
Das große Spielebuch für Senioren
111 Spiele zum Gedächtnistraining, Bewegen, Wahrnehmen und Spaßhaben

Autorin
Gabriele Schumann

Lektorat
Katia Simon

Titelbildmotiv
Foto © Monkey Business | Fotolia.com,
Hintergrund-Muster © Hanna | Fotolia.com

Verlag an der Ruhr
Mülheim an der Ruhr
www.verlagruhr.de

Wichtiger Hinweis:
Die Ratschläge in diesem Buch sind von der Autorin erprobt und vom Verlag sorgfältig erwogen worden. Nehmen Sie dennoch eine genaue Prüfung entsprechend Ihrer Situation vor und wägen verantwortungsvoll ab, welche Anregungen Sie bei welchen Personen anwenden. Einige Anregungen können überwältigende Emotionen und Erinnerungen hervorrufen, andere nur bei medizinischer Unbedenklichkeit angewendet werden. Die Durchführung der Anregungen erfolgt ausschließlich in eigener Verantwortung des Anwenders.

ISBN 978-3-8346-3178-7

Druck: AZ Druck und Datentechnik GmbH, Kempten, DE

**Menschen hören nicht auf, zu spielen,
weil sie alt werden,
sie werden alt,
weil sie aufhören, zu spielen!**

*Oliver Wendell Holmes (1809–1894),
US-amerikanischer Arzt und Essayist*

INHALT

Über die Autorin 6

Vorwort 7

Die Bedeutung des Spiels in der Seniorenarbeit 9

Hinweise zur Methodik 12

- Aufgaben der Spielleitung in der Betreuungsarbeit 15
- Spielen in der Gruppe 16
- Wichtige allgemeine Regeln 17
- Zum Umgang mit Spielmaterial 17
- Merkprozesse unterstützen 18
- Warum Wahrnehmungsspiele? 18
- Bewegungsangebote 19

Spielmaterialien 21

Menschen mit Demenz aktivieren 24

DIE SPIELE

Gesellschafts-, Glücks- und andere Spiele 29

- Schwarzer Peter 30
- Quartett 31
- Lügen und Betrügen 32
- Mau-Mau 33
- Karten anlegen .34
- Obstsalat 35
- Märchenstunde .36
- Das Blumenspiel 37
- Moderne Kunst .39
- Klammerhüpfen 40
- Würfeln mit einem Würfel 41
- Die höchste Zahl gewinnt 42
- Sechs zählt 43
- Alles zählt, Eins verliert 44
- Kniffeln nach vereinfachten Regeln 45
- 1 bis 9 im Quadrat 46
- Geben und Nehmen 47
- Schokolade essen 48
- Domino 49
- Knobeln mit Streichhölzern 51
- Schlapp hat den Hut verloren 52
- Angeln 53
- Stapeln 55
- Puzzeln mit geteilten Bildern 56
- Spielen mit Memo-Karten nach vereinfachten Regeln 58
- Wer hat das Bild? 59
- Bingo 61
- Das Sockenspiel 62
- Wie die Montagsmaler 64
- Scharade oder Pantomime 66
- Drei in Eins 68
- Stehrümchen 69
- Themenorientierte, selbst gestaltete Spiele 70
- Sprüche klopfen 73
- Erinnerungskisten 75

Denk- und Konzentrationsspiele 77

- Stadt – Land – Fluss 78
- ABC-Wörtersuche 80
- Wer kennt sich aus? 82
- Wörter finden .84
- Wörtersuche mit Würfel 86
- Wörter und ihre Verkettung 87
- Anagramme 88
- Buchstabenspiele 89
- Galgenmännchen ohne Galgen 90
- Buchstabieren 91
- Rückwärts buchstabieren 92
- Stabreime und verrückte Sätze 93
- Gemeinsam formulieren 95
- Wiederherstellen 97
- Lücken füllen 98

Puzzeln mit Texten 100
Geschichten erzählen 101
Autorenwettbewerb 102
Liedergeschichten 103
Was ist das? 104
Was fällt mir dazu ein? 106
Lieder raten 108
Teekesselchen 109
Auf den Inhalt kommt es an! 110
Wer kauft was? 112
Kalender gestalten 113
Wer bist du? 114
Eines passt nicht! 115
Eine Liebesgeschichte zum Nachdenken 117
Superzahl 120
Das 1x1 mal anders 121
Entenfüße zählen 122
Ja oder Nein? 123
Verkehrte Anatomie 124
Die große Suche 125
Klatsch mal 126
Die Linke im Einsatz 127
Beide Hände im Einsatz 128
Kofferpacken 129
Bitte merken! 130

Wahrnehmungsspiele 131

Ich sehe was, was du nicht siehst 132
Teilansichten 134
Bildbetrachtung 136
Unterschiede finden 138
Was passt zusammen? 139
Fühlsack oder -kiste 140
Fühl-Memo-Spiel 142
Fühl-Domino 144
Deckel drauf 145
Stille Post mit Berührung 146
Der Erbsenpool 147
Geräusche erzeugen 148
Summ, summ, summ 149
Hör-Memo-Spiel 150
Geschmacksache 152
Der richtige Riecher 153
Überraschungspäckchen 155
Mit allen Sinnen 156

Bewegungsspiele 159

Aktive Runde 160
Bewegungen spiegeln 161
Vernetzen 162
Bewegen und Denken 163
Zuwerfen nach Regeln 164
Der Ballon darf den Boden nicht berühren! 165
Zuspielen mit Fliegenklatschen 166
Lass rollen! 167
Bewegen nach Musik 169
Bitte weiterreichen! 171
Bewegungskette 173
Bewegungen erwürfeln 174
Zahlenpantomime 176
Bewegungsgeschichten 178
Eier werfen 180
Murmelspiel 181
Kegeln 182
Boccia 183

Anhang

Sprichwörter 185
Redewendungen 188
Liedanfänge (1. und 2. Zeile) 192
Liedergeschichten 194
Bewegungsgeschichten 197
ABC-Tafel 1 zu „Buchstabieren“ 203
ABC-Tafel 2 zu „Buchstabieren“ 204
Bilder zu „Auf den Inhalt kommt es an!“ 205

Übersichtstabellen 210

ÜBER DIE AUTORIN

© Schumann

Gabriele Schumann ist von Beruf Dipl.-Sozialarbeiterin mit Zusatzausbildungen für Gedächtnistraining und Entspannungspädagogik. Seit vielen Jahren ist sie in der Seniorenarbeit tätig. 2003 startete sie ihre Freiberuflichkeit als Gedächtnistrainerin mit Kursen sowie Einzel- und Gruppenaktivierungen schwerpunktmäßig für Menschen mit Demenz. Gleichzeitig unterrichtete sie an mehreren Fachseminaren für Altenpflege. Später folgte das Angebot von Entspannungskursen. Aus den damit verbundenen Erfahrungen entstanden Fortbildungsangebote für ehrenamtliche Betreuer, Pflegekräfte und Betreuungskräfte. Während ihrer praktischen Tätigkeiten entwickelte sie eigene Arbeitsmaterialien für die Seniorenarbeit, insbesondere für die Beschäftigung und Aktivierung hochbetagter und demenziell veränderter Menschen.

VORWORT

Dieses Buch richtet sich an Senioren, die gern spielen, ihre Spielleiter, Betreuer in Pflegeeinrichtungen sowie betreuende Angehörige. Während meiner gesamten aktiven Zeit in der Seniorenarbeit wurde viel und gern gespielt. Daher war ich stets auf der Suche nach neuen Spielideen und Aktivierungsmöglichkeiten für unterschiedlichste Zielgruppen. Anregungen fand ich auf Fortbildungen, in der Literatur, in Gesprächen mit den Senioren, im Erfahrungsaustausch mit Kolleginnen und Kollegen sowie in der eigenen Erinnerung an Spiele meiner Kindheit oder an die, die ich mit meinen Kindern gespielt habe. Hinzu kam die ein oder andere spontane Improvisation. All dies hat zu einer umfangreichen Sammlung geführt, aus der ich für dieses Buch die besten 111 Spiele ausgesucht habe.

Neben den Spielbeschreibungen gebe ich viele Tipps zur Nutzung eventuell vorhandener, aber auch zur Herstellung eigener Materialien oder zu entsprechendem Ersatz. Mir selbst waren einfache und kostengünstige Materialien immer wichtig, die mir flexible und vielseitige Einsatzmöglichkeiten eröffneten. Die Zeit und die Energie, die ich ins Selbstmachen von Spielmaterial investiert habe, hat sich oft sehr gelohnt: Die Gegenstände waren viele Jahre im Einsatz.

Die Spielbedürfnisse der Senioren sind individuell sehr verschieden, ebenso wie die persönlichen Fähigkeiten und Interessen. Manche lieben es, immer wieder ein und dasselbe zu spielen, weil es bekannt ist und gemocht wird. Andere lieben die Abwechslung und immer wieder neue Herausforderungen. Viele Senioren, oft alte Rätselrater, haben großen Spaß an Denkspielen und sehen einen besonderen Sinn darin. Andere brauchen eher konkrete Aufforderungen und Materialien als Anregung, um überhaupt aktiv zu werden, sich an Wörter zu erinnern oder Gespräche aufzunehmen. Der Begriff Spiel ist daher in diesem Buch sehr weit gefasst. Gemeint sind sowohl Spiele im klassischen Sinn wie auch Aufgaben aus den Bereichen Gedächtnistraining, Bewegung oder der Betreuung von Menschen mit Demenz. Gemeinsam ist allen, dass sie spielerisch und auf keinen Fall zu ernst angegangen werden sollten. Ganz gleich ob es sich um intensive Trainingsaufgaben, um Spiele zum Zeitvertreib oder Aktivierungsangebote handelt, sie sollen primär Spaß machen sowie Neugierde und Spannung erzeugen. Die Freude am Spiel, erlebte Erfolge und Anerkennung in der Gruppe wirken unabhängig vom Spielinhalt schon aktivierend, ebenso wie das Bedürfnis, sich mit anderen zu messen oder sich die eigene Leistungsfähigkeit zu beweisen.

Weckt das Spielen die Lebensfreude und verstärkt soziale Kontakte, ist ein wichtiges Ziel erreicht.

Wenn ein Grüppchen zum Spielen zusammensitzt, kommen schnell andere dazu, schauen über die Schulter und fragen, ob sie auch mitmachen dürfen. Egal ob im Altenheim, in der Gruppe für Gedächtnistraining, in Wohngemeinschaften für Menschen mit Demenz, im betreuten Wohnen, in Reisegruppen, bei zufälligen Begegnungen, in größeren oder kleineren Gruppen oder auch nur zu zweit – gemeinsame Spiele sind meist ein beliebter Zeitvertreib. Manche Spiele sind durchaus auch dazu geeignet, sich in aller Ruhe ganz allein mit ihnen zu beschäftigen, ob einfach mal so zwischendurch oder geplant in Betreuungsstunden.

Noch ein wichtiger Hinweis: Betrachten Sie die vorgestellten Spiele als Vorschläge und Beispiele, die sich vielfach bewährt haben. Lassen Sie sich gern dazu inspirieren, diese weiterzuentwickeln und zusätzlich eigene Ideen einzubringen. Dann habe ich das Anliegen dieses Buches im doppelten Sinn erreicht.

In jedem Fall wünsche ich Ihnen viel Freude am Spielen, erfolgreiche Spielrunden, fantasievolle Ideen, die bei der Lösung der Denkaufgaben helfen, und dass viel Spaß entsteht und herzhaft gelacht werden kann!

Fröhliches Spielen wünscht

Gabriele Schumann

DIE BEDEUTUNG DES SPIELS IN DER SENIORENARBEIT

Spiele machen Spaß! Viele Senioren spielen ausgesprochen gern. Manche haben ihr Leben lang eine Spielkultur gepflegt, andere finden im Alter endlich Zeit dafür. Und ganz gleich, ob Karten-, Würfel-, Denk- oder Kinderspiele – sie sind gesellig, fördern die Kommunikation, das soziale Miteinander und fordern Sinne und Konzentration. Intensives Spielen ist gleichzeitig auch geistige Aktivierung und wird schnell zum ernsthaften Gedächtnistraining. Kognitive Fähigkeiten, wie Wahrnehmung, Wortfindung, Formulierung, Merkfähigkeit, Fantasie, assoziatives Denken sowie logisches und flexibles Denken, werden je nach Spielinhalt und Aufgabenstellung beansprucht und dementsprechend trainiert.

Übung macht den Meister! Bedenkt man, dass jedes Können der Übung bedarf, ist es nur logisch, dass Fähigkeiten – motorisch wie kognitiv – genutzt und trainiert werden müssen, um sie möglichst lange zu erhalten. Die, die nicht genutzt werden, drohen, sich zu reduzieren und zu verkümmern. Ein Mensch, der beispielsweise nicht mit anderen kommuniziert, könnte seinen Wortschatz und im Extremfall seine Sprache verlieren. Um dem entgegenzuwirken, sollten insbesondere bei Menschen mit einer Demenz noch verfügbares Wissen, noch vorhandene Fähigkeiten und Fertigkeiten immer wieder abgefordert werden. Spiele sind natürlich nur eine von verschiedenen Möglichkeiten, das zu unterstützen. Aber sie sind eben besonders geeignet, da sie aufgrund der lockeren, spielerischen Situation Freude bereiten und nicht als Training oder Therapie erlebt werden. Andererseits sehen viele Senioren gerade in der intellektuellen Herausforderung durch Spiele einen Sinn. Auch die Gesellschafts-, die Wahrnehmungs- oder Bewegungsspiele sprechen Fähigkeiten an, die es zu aktivieren und zu trainieren lohnt.

Wie sehr sie letztlich trainieren, hängt von der Häufigkeit, der Intensität und der echten Herausforderung des Spiels ab. Die Option ist insbesondere bei den Denk- und Konzentrationsspielen gegeben, wenn fitte Senioren die schwierigen Varianten wählen.
Dabei geht es nicht um Meisterschaften: Ziel ist nicht die Befähigung zu intellektuellen oder sportlichen Wettbewerben, es sei denn, dies wird ausdrücklich gewünscht. Insbesondere bei hochbetagten und an Demenz erkrankten Senioren geht es in der Betreuung um den Erhalt der verbliebenen Selbstständigkeit und der Alltagsbeweglichkeit. Um sie zu entsprechenden Aktivitäten zu animieren, sind Spiele ein besonders geeignetes Medium sowohl für die Einzel- wie auch für die Gruppenaktivierung. Oft lassen sich Bewegungsmuffel auf spielerische Art und Weise zum Teilnehmen an einer Bewegungsrunde oder lustlose, inaktive Senioren

zum Mitmachen beim Raten oder Spielen bewegen, weil sie neugierig werden oder merken: Das kann ich auch! Das weiß ich!
In erster Linie stehen beim Spielen die Freude daran im Vordergrund und die damit verbundenen, oft schönen Erinnerungen. Die grundsätzlich positive Wirkung spielerischen Tuns lässt die Teilnehmer fast zwangsläufig auf andere Gedanken kommen. Erlittene Verluste und oft auch Schmerzen treten in den Hintergrund. So können Spiele einerseits entspannend sein – allein schon wegen der Assoziation Freizeit – und gleichzeitig intensiv anregend und aktivierend. Sie lassen ein Messen mit anderen zu, erzeugen Spannung und sprechen Emotionen an. Spiele ermöglichen auf selbstverständliche Art Selbstdarstellung und Erfolgserlebnisse. Beides ist wichtig, um Freude am Spiel entwickeln zu können. Aber beides ist auch grundsätzlich wichtig für unsere Psyche. Lassen wir uns auf ein Spiel mit anderen ein, können wir nur profitieren, selbst wenn wir nicht gewinnen.

Welche Spiele gespielt oder in der Betreuung angeboten werden, hängt in erster Linie vom Interesse und den Fähigkeiten der Mitspieler ab. Bedenken Sie bei der Auswahl die zahlreichen wunderschönen Spiele aus der Kindheit der Senioren, die viele später auch mit ihren Kindern und Enkeln gespielt haben. Eine Auswahl davon ist in diesem Buch wiederzufinden. Zum Teil haben sie vereinfachte Spielregeln erhalten oder veränderte Materialien, die für Senioren mit Einschränkungen oft geeigneter sind. Grundsätzlich bietet es sich im Rahmen der Biografiearbeit an, gemeinsam zu überlegen, welche Spiele es früher gab. So erfahren Sie auch gleich, welche bekannt sind, welche gemocht oder eher gemieden wurden. Fragen Sie beispielsweise nach „Mensch ärgere Dich nicht“, „Mau-Mau“, „Schwarzer Peter“, „Quartett“ oder „Halma“, nach „Elfer raus“, „Fang den Hut“, dem „Flohspiel“, „Bauernskat“ oder nach Spielen mit einem Ball, mit Murmeln, Knöpfen oder nach Fadenspielen. Sie wecken Erinnerungen, regen zum Erzählen an und reizen zum Tun.
Doch was ist, wenn das geliebte „Mensch ärgere Dich nicht“ nicht mehr geht? Wenn jemand immer wieder vergisst, welche Farbe er hat, und in jeder Runde korrigiert werden muss, weil er das falsche Püppchen nimmt? Und was sollen Senioren mit Murmeln tun, die schnell rollen und mehr unter dem Tisch liegen als darauf? Schnell fallen Ihnen sicher Gründe gegen die Spiele ein. Gleichzeitig wissen Sie natürlich, wie viele schöne Erinnerungen mit Spielen verbunden sein können und wie oft sie zum Aktivsein animieren.

Deshalb ist eines der wichtigsten Anliegen dieses Buches, Ihnen Mut zu machen, bestehende Regeln, wenn nötig, außer Kraft zu setzen, neue, selbst entwickelte auszuprobieren und die klassischen Materialien durch geeignetere zu ersetzen. Wichtig ist immer, die Regeln, Materialien und Bedingungen den Bedürfnissen und Ressourcen der Senioren anzupassen, um sie, solange es geht, noch teilhaben zu lassen. Ein gutes Beispiel dafür sind viele Spielvarianten, die ein Spiel spannend machen, aber gleichzeitig auch sehr anspruchsvoll und verwirrend sein können. Ändern Sie die Vorgaben oder Regeln, wird das Spiel plötzlich auch für Senioren mit kognitiven Einschränkungen wieder gut spielbar.

Nicht nur für die Senioren als Teilnehmer haben Spiele viele Vorteile. Angehörige finden vielfältige, sehr einfache Anregungen für eine gemeinsame Beschäftigung. Und auch Betreuungskräfte, egal ob professionell oder ehrenamtlich, profitieren: Die Vorbereitungszeit zur Planung einer Betreuungsrunde ist meist knapp bemessen und viele Spiele benötigen keine Vorbereitung, andere Spielvorbereitungen können oft gemeinsam mit den Spielern erledigt werden. So können Sie etwa eine benötigte Tabelle nicht kopieren und verteilen, sondern sie von den Senioren selbst erstellen lassen. Oder Sie bereiten eine Begriffssammlung für ein Spiel nicht vor, sondern stellen sie zusammen mit der Gruppe als Vorbereitung auf das Spiel zusammen. Steht das Material einmal zur Verfügung, kann es bei vielen Spielen auch in anderen Gruppen jederzeit unkompliziert und ohne große Vorbereitung eingesetzt werden.

HINWEISE ZUR METHODIK

Die Spiele in diesem Buch eignen sich grundsätzlich für eigenständige wie geleitete Seniorengruppen in Kirchengemeinden, Volkshochschulen, auf Reisen, in Begegnungsstätten oder in ambulanten und stationären Senioreneinrichtungen. Sie lassen sich im Rahmen der Gruppen- sowie auch der Einzelbetreuung, für die Gestaltung von Spielnachmittagen, im Gedächtnistraining oder auch bei der Aktivierung von Menschen mit Demenz – sowohl bei Frühbetroffenheit wie auch im fortgeschrittenen Stadium – oder anderen Krankheiten einsetzen.
Dieses Buch ist eine Sammlung von bewährten Spielen. Ziel ist es, eine große Bandbreite an ressourcenorientierten Spielmöglichkeiten aufzuzeigen, einfach und übersichtlich Anregungen zu geben sowie unkomplizierte methodische Varianten und Materialalternativen anzubieten. Sind die Senioren eingeschränkt, so können verbliebene kognitive wie auch motorische Fähigkeiten und Fertigkeiten genutzt und dadurch zu ihrem Erhalt beigetragen werden.

Die Spiele sind unterteilt in vier große Kategorien:

- **Gesellschafts-, Glücks- und andere Spiele:** Es sind Spiele zum Zeitvertreib – Spiele, die einfach Spaß machen, viele bekannte Spiele, an die man vielleicht nicht denkt, Würfel- und Kartenspiele sowie auch typische Aktivierungsangebote für Menschen mit Demenz.
- **Denk- und Konzentrationsspiele:** Hier finden sich typische Aufgabenstellungen aus dem Bereich Gedächtnistraining mit unterschiedlichsten Anforderungen an Wortfindung, Formulierung, Erkennen von Zusammenhängen, Fantasie, Assoziation sowie logisches und flexibles Denken, Konzentration, Koordination und Merkfähigkeit.
- **Wahrnehmungsspiele:** Dies sind Aufgabenstellungen, die auf einfache Art und Weise unsere Sinne (sehen, hören, fühlen, riechen, schmecken) einbeziehen. Jedes Spiel spricht vorrangig einen Sinn an, abgesehen von den beiden letzten, die unsere Sinne insgesamt im Fokus haben.
- **Bewegungsspiele:** Hier steht die Bewegung im Mittelpunkt – vom möglichst umfassenden Durchbewegen des gesamten Körpers bis hin zur Fingerbewegung – teils in Verbindung mit Aufgaben aus dem Bereich Denk- und Konzentrationsspiele.

Die Zuordnung der einzelnen Spiele in die vier Kategorien erfolgte nach dem offensichtlichsten Aspekt. Der ist nicht bei allen Spielen eindeutig: Auch bei einfachen Würfel- und Kartenspielen muss man sich schließlich konzentrieren und vielleicht Entscheidungen treffen oder bei einem themenorientierten, selbst gestalteten Spiel

Wörter suchen, assoziieren und Wahrnehmungsaufgaben lösen. In allererster Linie dienen sie jedoch der geselligen Unterhaltung.

Alle Spiele werden nach ihrem Schwierigkeitsgrad grob unterschieden in „sehr einfach“ über „einfach“, „mittel“ bis hin zu „schwer“. Die Kategorien „sehr einfach“ mit sehr geringen Anforderungen und „einfach“ mit etwas komplexeren Aufgabenstellungen sind für den Einsatz bei Menschen mit Demenz geeignet. Die „mittel“-schwierigen, insbesondere wegen der Anforderungen an Merk-, Kombinations- und/oder Konzentrationsfähigkeit, sind nur bedingt für sie geeignet. Diese sowie die „schweren“ richten sich an fitte und kognitiv gesunde Senioren. Menschen mit einer Demenz würden überfordert. Diese Kategorisierung soll jedoch nicht bedeuten, dass die „sehr einfachen“ und „einfachen“ Spiele nicht auch fitten Senioren Spaß machen können. Wichtig zu sagen ist noch, dass die Schwierigkeit eines Spiels individuell auch sehr unterschiedlich empfunden werden kann, je nach Fähigkeiten, Talenten oder Interessen.

Bei jedem Spiel sind außerdem jeweils die benötigten Spielmaterialien, eventuell notwendige Vorbereitungen und die optimale Gruppengröße angegeben. Teilweise ist die Zahl der Mitspieler durch das Spiel selbst begrenzt, wie bei „Domino“ (vgl. S. 49) oder „Märchenstunde“ (vgl. S. 36). Wenn zu viele mitspielen, dauert eine Spielrunde zu lange und das Spiel wird für den einzelnen schnell langweilig. Grundsätzlich ist eine Gruppe von bis zu zwölf fitten Teilnehmern optimal. Menschen mit einer Demenz hingegen sind von großen Gruppen schnell überfordert. Für sie gilt eine Gruppengröße von sechs bis acht Personen als Maximum. Bei weiter fortgeschrittener Krankheit sollte die Gruppe noch kleiner sein.

Viele Spielvorschläge enthalten Spielvarianten, die sich auf andere Vorgaben, andere methodische Ansätze oder auch andere Einsatzmöglichkeiten der genutzten Materialien beziehen. Dadurch besteht die Möglichkeit, Spiele sehr individuell zu gestalten, Bedürfnissen anzupassen oder vorhandenes Material anders zu nutzen. Wurde eine Version zu oft gespielt und dadurch langweilig oder zu leicht, sollte eine andere Variante gewählt werden. Schon durch leichte Veränderungen der Vorgaben, wie einen anderen Anfangsbuchstaben oder einen neuen Oberbegriff, lassen sich auf einfache Weise neue Ansprüche gestalten, die das Spiel wieder interessanter machen. Erweist sich ein Spiel als zu schwierig, können oft die Anforderungen durch leichte Veränderungen der Aufgabe vereinfacht bzw. bei Unterforderung auch erschwert werden. So macht es z. B. einen großen Unterschied, ob bei dem Spiel „Wie die Montagsmaler“ (vgl. S. 64) Begriffe wie Herz, Glocke, Sonne und Blume dargestellt werden sollen oder welche wie Wetter, Buchhandlung, Wochenmarkt und Sparkasse. Bei einigen schwierigeren Spielen besteht auf diese Weise die Möglichkeit, sie zu vereinfachen und so grundsätzlich auch für Menschen mit Demenz zu nutzen. Die entsprechenden Spiele erscheinen in den Übersichtslisten am Ende des Buches mit dem Vermerk **V+**. Die Angaben zu den benötigten Spielmaterialien beziehen sich auf die jeweilige Grundversion des Spiels. Unter Umständen werden für Varianten jedoch keine, andere oder überhaupt erst Materialien benötigt.

Zusätzliche **Hinweise und Tipps** geben weitere Informationen zu alternativen Materialien sowie methodischen oder wissenswerten Aspekten.

Hinweise *Tipps*

Ergänzend befinden sich im **Anhang** Sammlungen von Sprichwörtern, Redewendungen und Liedanfängen, die in der Generation der Senioren weitgehend bekannt und für einige Spiele hilfreich sind. Der Bekanntheitsgrad kann jedoch regional unterschiedlich sein. Sie sollten unbedingt auf die regional bekannten Sprüche, die dort gebräuchlichen Redewendungen und bevorzugten Lieder zurückgreifen. Ebenso finden Sie im Anhang Kopiervorlagen für Buchstabentabellen und Bildkarten sowie beispielhafte Lieder- und Bewegungsgeschichten.

Abschließend geben **Übersichtstabellen** einen schnellen Überblick darüber, welche Spiele

- welchem Schwierigkeitsgrad entsprechen,
- Spielvariationen bieten oder
- für Senioren mit Demenz,
- für die Einzelbetreuung,
- für kleine Gruppen,
- für Gruppen bis zwölf Teilnehmern und
- für Gruppen bis 20 Teilnehmern geeignet sind.

Voraussetzung für das Gelingen eines Spiels ist nicht nur die Auswahl des Spiels selbst und das Bereitstellen des Materials. Auch die Raumgröße sollte der Zahl der Personen und den erforderlichen Hilfsmitteln, wie Rollatoren oder Rollstühlen, entsprechen, gut gelüftet und hell sein. So wird für ein Kartenspiel zu viert lediglich ein kleinerer Tisch mit vier Stühlen benötigt. Aber auch bei 20 Teilnehmern müssen alle ausreichend Platz und Bewegungsfreiheit haben, um z. B. für notwendige Toi-

lettengänge aufstehen zu können. Alle müssen sehen können – auch sich gegenseitig – und das Spielmaterial erreichen oder gereicht bekommen können. Ist ein Tisch erforderlich, braucht jeder einen Sitzplatz am Tisch und nicht in der zweiten Reihe. Speziell für Bewegungsangebote wird oft mehr Raum benötigt – nur ausgestattet mit einer Bestuhlung ohne Tische –, damit ausreichend Bewegungsfreiheit gewährleistet ist.
Wünschenswert ist auch ein störungsfreier Raum mit einer Tür, die geschlossen werden kann. Das ist eine wichtige Voraussetzung für die Konzentration. Insbesondere Menschen mit Demenz können sich nicht gut und lange konzentrieren und lassen sich schnell ablenken. Das erschwert Ihre intensive Arbeit mit den Senioren. Soll ein Spiel Spaß machen, muss es möglichst ohne Ablenkung und Unterbrechung gespielt werden können.

Aufgaben der Spielleitung in der Betreuungsarbeit

- Um die Spielfreude zu steigern, ist es wichtig, vor Beginn eines Spiels, für eine positive Stimmung zu sorgen. Jeder sollte sich **wohlfühlen**, genug Platz haben und das Spielmaterial erreichen können.
- Sie sollten immer eine Atmosphäre der gegenseitigen **Wertschätzung und Anerkennung** anstreben. Jeder darf großzügig gelobt werden!
- Sollte jemand beispielsweise durch Erinnerungen **stark emotional berührt** werden, braucht er die Aufmerksamkeit der Gruppe und Trost. Notfalls sollte das Spiel unterbrochen werden.
- **Vielredner** gilt es, freundlich zu bremsen, indem Sie sich bedanken, darauf verweisen, dass nun Herr/Frau ... dran ist und er/sie später auch wieder an die Reihe kommt.
- Achten Sie darauf, dass keine „Feinde" nebeneinandersitzen, sonst sind Konflikte vorprogrammiert.
- Eine wichtige Funktion des Spielleiters ist es, bei Bedarf **Hilfestellung zu geben oder zu organisieren**, indem er vielleicht einen anderen Mitspieler um Unterstützung bittet oder andere, geeignetere Spielmaterialien oder Hilfsmittel anbietet.

Nicht alle Spiele brauchen einen Spielleiter. Viele können von einer Gruppe selbst organisiert werden. Sollte ein Spielleiter sinnvoll oder erforderlich sein, ist dies der Spielbeschreibung zu entnehmen. Als Spielleiter kann im Fall einer nicht geleiteten Gruppe auch ein Gruppenmitglied fungieren.

Spielen in der Gruppe

Bei vielen Spielen besteht sowohl die Option der Einzelarbeit als auch der Partner- (zwei Personen) oder Kleingruppenarbeit (drei bis sechs Personen). Die Einteilung der 2er-Teams oder Kleingruppen kann von den Senioren nach eigener Wahl erfolgen. Erfahrungsgemäß finden sich jedoch immer wieder dieselben Personen zusammen. Das kann im Einzelfall bestimmten Schutzbedürfnissen entgegenkommen. Grundsätzlich ist eine wechselnde, zufällige Zusammensetzung für die Gruppendynamik jedoch förderlicher. Methodisch können Sie z. B. für die Bildung von 2er-Teams zuvor ausgewählte Bilder nutzen. Bereiten Sie halb so viele zweigeteilte Bilder vor, wie es Mitspieler gibt. Jeder Spielteilnehmer zieht eine Bildhälfte und sucht den Mitspieler, der über die zweite Hälfte des Bildes verfügt, um sich mit diesem zusammenzutun. Anstelle von geteilten Bildern können Sie auch zerschnittene Spielkarten, Sprüche oder erste und zweite Liedzeilen einsetzen. Möchten Sie statt mit 2er-Teams mit größeren Kleingruppen arbeiten, teilen Sie für jede Kleingruppe ein Bild oder eine Spielkarte in die der Mitgliederzahl entsprechenden Menge von Teilen (drei bis sechs). Möchten Sie anstelle der Bilder Texte verwenden, teilen Sie z. B. Liedstrophen in entsprechend viele Zeilen. Die Spieler mit den jeweils zusammengehörenden Stücken müssen zusammenfinden und das Bild oder Lied zusammenpuzzeln. Die so entstehenden 2er-Teams oder Kleingruppen empfehlen sich, um für die Spieler das Gefühl der individuellen Sicherheit zu verstärken, Versagensängste zu minimieren und Einzelnen eine gegenseitige Unterstützung zukommen zu lassen. Ebenso kann jedoch auch mit der gesamten Gruppe reihum oder auf Zuruf gearbeitet werden.
Auch wenn es vielen Senioren Spaß macht, sich mit anderen zu messen, trifft das nicht auf alle zu. Und verliert man häufig, hat der Spaß schnell ein Ende. Deshalb lassen sich viele Aufgaben bewusst an die Gesamtgruppe richten und sind gemeinsam zu lösen, sodass es keine einzelnen Verlierer gibt. Das Ziel ist ein positives Gruppenerlebnis für alle. Immer nach dem Motto: Geschafft, sind wir gut!
Welche Möglichkeit Sie wählen, ist abhängig vom Interesse und Temperament der Mitspieler, aber auch von deren kognitiver Leistungsfähigkeit.

Wichtige allgemeine Regeln

Neben den Regeln der einzelnen Spiele gibt es grundsätzliche Gebote, die für alle gelten und die Sie vor Spielbeginn vermitteln sollten:

- Verfügbare Kompetenzen sollten genutzt werden: Wer noch greifen und eine Karte ziehen, noch lesen oder weiterreichen kann, sollte die Gelegenheit dazu bekommen.
  Übernimmt die Spielleitung diese Tätigkeiten, entsteht schnell eine Schul- bzw. Prüfungssituation. Das sollte genauso vermieden werden wie jeder Leistungsdruck.
- Auch eine nicht korrekte Wortmeldung ist ein Diskussionsbeitrag und wird gewürdigt.
- Jeder darf in Ruhe überlegen.
- Jeder darf ausreden und wird nicht unterbrochen.
- Jedem wird zugehört.
- Es darf herzhaft gelacht werden, aber keiner wird ausgelacht.
- Jeder darf eine Aufgabe verweigern, wenn er sich überfordert fühlt, und gegebenenfalls eine Ersatzaufgabe nutzen oder die Gruppe um Unterstützung bitten.
- Störungen (jemandem geht es nicht gut, eine Kaffeetasse fällt um o. Ä.) haben immer Vorrang. Erst wenn sie behoben sind, können sich wieder alle konzentrieren und das Spiel kann fortgesetzt werden.

Zum Umgang mit Spielmaterial

Die Spiele sind so angelegt, dass jeder entsprechend seinen Kompetenzen möglichst selbstständig agieren kann und soll. Das Spielmaterial wird methodisch so angeboten, dass die Mitspieler animiert werden, selbst aktiv zu werden. Die Menge und die Art des angebotenen Spielmaterials werden, soweit möglich, dem Leistungsvermögen der Mitspieler angepasst. Eine grundsätzliche Regel ist: Je fitter die Teilnehmer, desto mehr Material kann eingesetzt werden, z. B. Karten. Je fortgeschrittener die Demenz, desto weniger. Je nach Thema und Situation reicht unter Umständen ein einziger Gegenstand.
Insbesondere beim Spiel mit Wort- oder Aufgabenkarten können Sie methodisch unterschiedliche Varianten wählen:

- Karten können **als Stapel** verdeckt in der Tischmitte liegen und die oberste wird jeweils reihum gezogen. Wenn dieser Stapel nicht für alle erreichbar ist, können die Karten auf einem Tablett, in einem Beutel oder Kästchen **zum Ziehen** in der Runde weitergereicht werden.
- Legt man einzelne Karten verdeckt nebeneinander im Kreis auf den Tisch, kann ein **Würfelspiel** initiiert werden. Ein Würfel und eine Spielfigur kommen zum Einsatz, indem die Figur zunächst auf eine Karte gesetzt wird. Es wird reihum gewürfelt. Die Figur „läuft" jeweils entsprechend der Würfelzahl über die Karten und bestimmt so, welche Karte aufgedeckt und bearbeitet wird, bevor der Nächste würfelt.

Merkprozesse unterstützen

Je weniger normal Dinge sind, desto leichter können wir sie uns merken. Das kann man besonders gut bei dem Spiel „Bitte merken!" (vgl. S. 130) feststellen. Gelingt es, zwischen den Dingen, die man sich merken will, und anderen völlig ungewöhnlichen oder persönlichen Bezügen einen Zusammenhang herzustellen, fällt das Merken und Erinnern ebenfalls wesentlich leichter. Fordern Sie die Senioren deshalb dazu auf, möglichst fantastische Eselbrücken zu bilden. Kreativität und Fantasie sind sehr hilfreich. Den Merkprozess kann man auch durch den Einsatz mehrerer Sinne unterstützen.

In jedem Fall sollte das, was gemerkt werden soll, mehrfach wiederholt und am besten laut ausgesprochen werden. Im Alter brauchen wir mehr Wiederholungen als in jungen Jahren. Besonders lautes Aussprechen unterstützt das Abspeichern der Informationen enorm.

Warum Wahrnehmungsspiele?

Wahrnehmungsspiele sind beliebt und machen Spaß. Schließlich ist unsere Wahrnehmung der Schlüssel zur Außenwelt. Alle Informationen, die wir wahrnehmen, nehmen wir mit unseren Sinnen auf. Schon wenn ein einziger Sinn an Schärfe verliert oder ausfällt, ist diese Verbindung geschwächt. Werden Informationen über mehrere Sinne aufgenommen, können sie in mehreren Schubladen des Gehirns abgelegt und dort auch wieder abgerufen werden. Was man mit mehreren Sinnen wahrnimmt, kann man sich also besser merken und man kann sich auch leichter daran erinnern. Da die Sinne im Alter fast zwangsläufig nachlassen, sollten sie immer wieder angeregt und wach gehalten werden. Meist sind die entsprechenden Spiele auch gleichzeitig gute Konzentrationsübungen.

Bewegungsangebote

Jeder weiß: Sich regen bringt Segen! Sport ist wichtig. Im Hinblick auf das fortgeschrittene Alter ist es von elementarer Bedeutung, in Bewegung zu bleiben. Körperliche Aktivitäten halten u. a. den Kreislauf in Schwung, sorgen für die Durchblutung des Gehirns, wirken der Versteifung entgegen und ermöglichen dadurch eine motorische Unabhängigkeit: viele positive Aspekte, die Grund genug sind, auch im Rahmen der Senioren- und Betreuungsarbeit Bewegungsübungen zum festen Bestandteil des Programms zu machen. Denn grundsätzlich gilt: Fähigkeiten, die nicht genutzt werden, gehen verloren – geistig wie körperlich.
Geeignet sind einfache gymnastische Übungen genauso wie Bewegungsspiele. Das Ziel ist der so wichtige Erhalt der Alltagsbeweglichkeit wie das selbstständige Gehen, Aufstehen, Anziehen, Zur-Toilette-Gehen und Essen. Insbesondere im Hinblick auf sehr hochbetagte und an Demenz erkrankte Senioren im fortgeschrittenen Stadium zählt jede Bewegung. Selbst das Weiterreichen von Spielmaterial, Würfeln, Kartenziehen fördert einfache Bewegungsabläufe, Feinmotorik und Koordination, bewegt die Schultern, die Arme und Hände – und wenn man sich nach einer Karte strecken muss, auch noch den Rücken. Solche einfachen Bewegungsabläufe sollten nach Möglichkeit systematischer Bestandteil beim Spielen sein.
Bewegungsspiele sollten zum festen Repertoire von Betreuungsrunden gehören. Sie ersetzen kein Training durch eine regelmäßige, gezielte Gymnastik, sie wirken aber dem Bedürfnis von Senioren mit einem hohen Bewegungsdrang entgegen. Und bedenkt man außerdem, dass „schon leichte Bewegung die Hirndurchblutung stark erhöht" und „insbesondere feinmotorische Bewegung von Händen und Fingern die Denkleistung positiv beeinflusst", bekommen auch einfache Alltagsbewegungen und Bewegungsübungen einen besonderen Wert. *(Bettina M. Jasper: Brainfitness – Denken und Bewegen, Meyer & Meyer Verlag: Aachen 1998, S. 22–23)* Optimal ist es, Bewegung und Denken miteinander zu verbinden und in einer Betreuungsrunde entsprechende Übungen im Wechsel zu planen oder Spiele zu wählen, die automatisch beide Aspekte bedienen, wie beispielsweise „Bewegen und Denken" (vgl. S. 163) oder „Bewegungskette" (vgl. S. 173).

Eine wichtige Voraussetzung für Bewegungsrunden ist, wie bereits erwähnt, ein Raum mit entsprechender Bewegungsfreiheit, möglichst ohne Tisch(e), es sei denn, ein Bewegungsangebot wird zur Entspannung zwischen bewegungsarmen oder Denk- und Konzentrationsspielen eingesetzt. Doch auch dann sollte jeder Teilnehmer so viel Raum haben, dass nicht die Gefahr besteht, sich oder den Nachbarn zu stoßen.
Grundsätzlich erfolgen die Bewegungsübungen im Sitzen meist in einem Stuhlkreis, um eventuelle Gefährdungen auszuschließen. Körperlich fitte Senioren können durchaus im Stehen aktiv werden. Sollten Unsicherheiten entstehen, wird vor der Person ein Stuhl platziert mit der Lehne in ihre Richtung, an der sie sich bei Bedarf festhalten kann. Hinter der Person steht der Stuhl aus dem Sitzkreis, auf den sie sich notfalls setzen kann.

Grundsätzliche Regeln für Bewegungsangebote:

- Jeder macht mit, soweit er kann. Man darf sich im Rahmen seiner Möglichkeiten aber anstrengen.
- Die Bewegungsabläufe sollten langsam und fließend sein, nicht ruckartig.
- Es sollte nicht gegen Schmerz anbewegt werden.
- Keine Stöße, Sprünge, Kraft- oder heftigen Schwungübungen!
- Bei anstrengenden Übungen oder Anspannung wird oft unbewusst die Luft angehalten. Dem ist unbedingt entgegenzuwirken, da sich so im Kopf Druck aufbauen kann und empfindliche Gefäße gefährdet sind. In solchen Situationen erinnern Sie die Senioren daran, Luft zu holen und das Atmen nicht zu vergessen! Lässt man die Senioren während der Bewegung etwas sprechen oder singen, schließt man diese Gefahr von vornherein aus, da so automatisch weitergeatmet wird. Zudem bewirkt das Singen, dass tiefer geatmet und die Sauerstoffversorgung unterstützt wird.

SPIELMATERIALIEN

Am einfachsten zu organisieren sind natürlich die Spiele, die kein Material voraussetzen. Sie brauchen keine Vorbereitung, nur einen Raum mit entsprechenden Sitzmöglichkeiten. Andere Spiele kommen mit einem Sitzplatz am Tisch und einem Würfel aus oder mit Stift und Papier. Aber ansehnliche, bunte Figuren oder Karten haben auch einen hohen Reiz. Die Senioren greifen gern zu und hantieren auch gern damit.

Das Spielmaterial dient nicht nur der Durchführung eines Spiels. Es animiert und macht neugierig. Wichtig ist, dass es sich um ein erwachsenengerechtes Angebot handelt. Zu kindlich gestaltete Versionen werden zu Recht schnell abgelehnt. Karten oder andere Details sollten griffig sein und ohne Verletzungsrisiko, z.B. darf sich in einem Fühlsack nichts Scharfkantiges befinden. Die angebotenen Materialien, wie Bilder, müssen insbesondere in Bezug auf Senioren mit Demenz eindeutig sein. Schriften sollten einfach und groß sowie in guten Kontrasten gedruckt sein. Leider sind viele Spiele teuer und der verfügbare Etat gering. So manches im Handel angebotene Material entspricht vielleicht auch nicht unbedingt den besonderen Bedürfnissen der Senioren oder das von Ihnen gewünschte Material wird vielleicht gar nicht angeboten. Daher kommen bei den Spielen meist sehr einfache, kostengünstige Materialien zum Einsatz, die selbst erstellt oder improvisiert werden können:

- Vielleicht haben Sie noch Spiele von früher, von Kindern oder Enkeln, mit denen keiner mehr spielt und die irgendwo verstauben. Auch wenn es sich um Spiele handelt, die für Senioren nicht ansprechend oder geeignet sind, lässt sich vielleicht doch das vorhandene Material nutzen. Ist es von Art und Darstellung her seniorengerecht, ist es eine Frage der Fantasie, eigene Regeln zu entwickeln. Beispiele aus diesem Buch sind etwa die Spiele „Obstsalat“ (vgl. S. 35) oder „Märchenstunde“ (vgl. S. 36).
- Für viele Spiele können Sie Materialien aus dem alltäglichen Gebrauch nutzen. „Das Sockenspiel“ (vgl. S. 62), „Wer kennt sich aus?“ (vgl. S. 82), für das Knöpfe, Löffel und Schlüssel gebraucht werden, oder das Spiel „Deckel drauf“ (vgl. S. 145) sind Beispiele dafür, dass das Spielmaterial zumindest teilweise aus dem häuslichen Bestand genommen und nach erfolgtem Gebrauch zurücksortiert werden kann.
- Viele Gegenstände, die normalerweise im Müll landen, können auch genutzt werden: Papprollen, Verschlusskappen von Plastikflaschen, große Knöpfe, Schachteln, Dosen, Tuben, Fläschchen mit Verschlüssen, Kalenderbilder, Postkarten, Zeitungsausschnitte …

- Vorhandene Talente und Interessen von Bastlern gilt es, unbedingt zu nutzen. Erstellen Sie die Spielmaterialien gemeinsam mit den Senioren, kleben sie Bilder auf dünne Pappe und schneiden diese entsprechend aus, um sie griffiger und ansehnlicher zu machen. Bemalen Sie gemeinsam Papprollen für Bewegungsangebote, beschriften oder bekleben Sie kleine Kärtchen mit Buchstaben, sammeln und sortieren Sie gemeinsam. In der Tagespflege oder dem Seniorenheim könnte das Motto lauten: Fittere basteln für weniger Fitte. Jede dieser Bastelarbeiten stellt eine eigene Aktion für einen Gruppennachmittag oder eine Einzelaktivierung dar. Geben Sie einen Anlass zum Basteln! Stellen Sie Dinge her, die gebraucht werden, und bitten Sie die Senioren um Hilfe. Sie helfen meist wirklich gern.
- Fragen lohnt sich! Viele Geschäftsleute sind großzügig, wenn sie erfahren, dass Dinge für die Arbeit mit Senioren und insbesondere für Menschen mit Demenz benötigt werden. Ich selbst habe wiederholt auf Anfrage Parfümproben, Kalender, Tierposter aus der Apotheke (Kinderzeitschrift), unterschiedliches Bildmaterial oder kleine Werbe- oder Geschicklichkeitsspiele kostenlos bekommen können.
- Einkauf auf dem Flohmarkt oder im 1-Euro-Laden: Scheuen Sie sich nicht, ein Memo-Spiel für ein oder zwei Euro zu erstehen. Sind die Bilder eindeutig, gut erkennbar und erwachsenengerecht, können sie ohne Weiteres zum Einsatz kommen. Kann das Memo-Spiel als solches nicht mehr gespielt werden, schneiden Sie die Bilder mit einer Schneidemaschine oder einem guten Cutter und einem Stahllineal in zwei gleich große Hälften und erhalten wunderbare zweiteilige Puzzles.

Die Aufbewahrung der Spielmaterialien ist für viele Gruppen und Betreuungsgruppen ein Platzproblem. Oft werden die Spiele phasenweise intensiv genutzt und verschwinden dann im Schrank. Wenn das Material nichts oder nicht viel gekostet hat, fällt der Austausch gegen ein „neues", anderes Spiel vielleicht nicht so schwer. Sollte wieder Bedarf entstehen, ist eine neue Bastel- oder Sammelaktion schon wieder für sich von hohem Wert.

Häufig gebrauchte oder hilfreiche Materialien:

- Schreibpapier im Format DIN A4
- griffige Stifte zum Schreiben
- kleine Zettel oder Karteikarten in DIN A7
- Karteikarten in DIN A6
- Buchstaben aus Holz oder Kunststoff, auf Pappkärtchen oder aus anderen Spielen
- einfache, anschauliche Bilder in allen Größen
- Würfel in verschiedenen Größen, evtl. auch Blanko-Würfel
- Knobelbecher
- blickdichte Stoffbeutel in verschiedenen Größen
- Scheren
- Klebestifte
- Papprollen
- größere Tücher
- größere Knöpfe
- Blanko-Memo-Spiel-Karten oder Blanko-Domino-Karten aus dem Bastelbedarf
- (alte) Kartenspiele

Sinnvolle Hilfen:

- Fällt jemandem das Würfeln mit der Hand oder dem Knobelbecher schwer, reicht oft ein Würfelglas als Hilfsmittel aus. Man legt einen Würfel in ein kleines farbloses Schraubglas und verschließt dieses. Das Glas wird dann, wenn nötig, auch mit beiden Händen geschüttelt und anschließend auf den Tisch gestellt. Es gilt die Zahl, die nach oben zeigt.
- Ein Stück Filz oder ein kleines, einfarbiges Handtuch dient der Schalldämpfung beim Würfeln mit dem Knobelbecher.
- Steht kein Kartenhalter zur Verfügung für jemanden, dem es nicht möglich ist, die Karten zu halten, kann ein zusammengeklappter Zollstock diesen ersetzen.
- Beutel, Schachteln, der flache Deckel einer Schachtel oder ein kleines Tablett sowie Körbchen eignen sich zum Herumreichen von vielteiligen Spielmaterialien, insbesondere in größeren Gruppen.
- Nutzen Sie kleine Schachteln, in denen Karten hochkant herumgereicht und angeboten werden können, wenn die Feinmotorik nicht mehr ausreicht, sie vom Tisch aufzunehmen.
- Bei wenigen Karten können diese alternativ auch von der Spielleitung gefächert aus der Hand angeboten werden.

MENSCHEN MIT DEMENZ AKTIVIEREN

Aktivieren bedeutet, aktiv zu machen! Auch Menschen mit Demenz können und wissen vieles, insbesondere Dinge und Ereignisse aus ihrer Vergangenheit. Aufgrund ihrer Krankheit sind sie jedoch oft so mit ihren Verlusten und Defiziten beschäftigt, dass sie selbst Fähigkeiten, über die sie noch verfügen, aus Scham, mangelnder Gelegenheit oder anderen Gründen nicht mehr einsetzen. Unser Ziel in der Betreuung dieser Senioren muss daher sein, ihre Aufmerksamkeit auf die Dinge zu lenken, die sie noch beherrschen, ihnen Erfolgserlebnisse zu verschaffen und sie in ihrem Selbsterleben zu stärken.

Das bedeutet, es wird grundsätzlich ressourcenorientiert aktiviert, nicht an den Defiziten ansetzend. Fähigkeiten, die durch die Demenz verloren sind, können nicht reaktiviert und sollten akzeptiert werden. So werden Menschen mit einer Demenzerkrankung beispielsweise keine Merkübungen, wie beim Spiel „Kofferpacken" (vgl. S. 129), abverlangt. Die Beschäftigungsarbeit mit Menschen mit Demenz setzt daher insbesondere im Rahmen der Biografiearbeit bei den Erinnerungen an. Da kennen sich die an Demenz erkrankten Senioren aus, können noch mitreden und selbst handeln, finden eventuell ein Stück ihrer Identität wieder, die im Laufe der Demenz nach und nach verloren geht. Gute Erinnerungshilfen sind u.a. alte Spiele, alte Fotos, Bilder, Gegenstände, insbesondere Alltagsgegenstände, alte Sprüche, Lieder, Schlager, Gedichte oder Märchen. Vieles davon findet sich als Element in den Spielen für Menschen mit Demenz wieder.
Diese Elemente haben im Spielgeschehen nicht nur einen hohen Erinnerungswert und geben Orientierung, sondern besitzen auch einen hohen Aufforderungscharakter. Sie animieren von sich aus dazu, tätig zu werden, und sei es, nur danach zu greifen oder zu erzählen, zu lesen oder zu singen. Denn alles, was der Mensch noch kann, sollte er selbst tun und auch tun dürfen. Auch wenn es länger dauert oder mehr Arbeit macht. Denken Sie z.B. mal an Kinder beim Plätzchenbacken. Lieber würden Sie es selbst machen, oder? Auf keinen Fall sollte den an Demenz erkrankten Senioren – bei aller Höflichkeit – alles abgenommen und an ihrer Stelle für sie getan werden. Die Folge wäre eine Entmündigung. Wenn Sie sich zurückhalten, hat das auch etwas damit zu tun, dass Sie die Würde des anderen wahren. Alles, was nicht mehr gekonnt wird, braucht selbstverständlich Unterstützung. Überforderungen sind zu vermeiden. Aber solange jemand noch greifen kann, zieht er selbst die Karte. Solange er noch lesen kann, lesen wir die Spielkarten nicht vor. Alle Spiele sind grundsätzlich so angelegt, dass die Mitspieler aktiv sind. Beim Spiel

„Sprüche klopfen“ (vgl. S. 73) etwa nimmt nicht der Spielleiter eine Karte, liest vor und lässt ergänzen. Das käme methodisch einer Prüfsituation gleich: „Wir sehen mal, was ihr noch könnt!“

Solche Situationen sind unbedingt zu vermeiden. Die Spielanleitung gibt stattdessen vor: „Jeder zieht reihum eine Karte und liest den halben Spruch vor. Dann ergänzt die Gruppe.“ In diesem Moment ist derjenige, der die Karte gezogen hat, der Spielleiter und kontrolliert die Antwort auf Richtigkeit. Gelöst wird die Aufgabe von der Gruppe. Die Verantwortung für Gelingen oder Versagen liegt also bei den Mitspielern gemeinsam und nicht bei einem Einzelnen. Verfügt jemand nicht mehr über die Fähigkeit, zu lesen, bittet er einen Nachbarn um Hilfe, wenn die Karte gezogen ist. Möchte jemand aus Scham, weil er nicht mehr lesen kann, nicht ziehen oder aktiv mitspielen, wird er gebeten, eine Karte für den Nachbarn zu ziehen, damit dieser sie vorlesen kann. Denn das Ziehen ist ja vielleicht noch möglich.

Fragt man Senioren, was sie spielen möchten, wird immer wieder „Mensch ärgere Dich nicht“ gewünscht. Als ein Spiel, an das sie sich erinnern, das sie auch als Erwachsene noch gespielt haben, dessen Regeln sie noch kennen, das einfach ist. Aber wie einfach ist es wirklich, wenn das Kurzzeitgedächtnis gestört ist? Wenn ich bei jeder Runde vergessen habe, welche Farbe meine ist? Oder ich nicht mehr weiß, wo mein Haus ist?

Natürlich kann man in der Einzelbetreuung großzügig die Farbe nehmen lassen, die gerade gefällt. Oder das Püppchen auch noch die fünfte Runde drehen lassen. Das alles ist in Ordnung, wenn ein Mensch mit weit fortgeschrittener Demenz Spaß daran hat. Aber wie lange hält der Spaß an, wenn mehrere mitspielen und jemand in jeder Runde genau diese Verhaltensweisen kritisiert und jedesmal den Finger in die Wunde legt? Dann müssen andere Spiele her, ebenfalls bekannte, wie „Schwarzer Peter“ (vgl. S. 30) oder „Quartett“ (vgl. S. 31). Dabei halten die Senioren ihre Karten in der Hand, ziehen eine, stecken sie dazwischen und lassen eine ziehen. Und wenn sie nicht merken, dass sie zwei oder vier gleiche Karten haben, merkt das auch kein anderer und das macht nichts. Sie versäumen lediglich die Möglichkeit, ein Paar oder Quartett zu bekommen, und können sich über ihr Pech beschweren. Oder das Spiel „Lügen und Betrügen“ (vgl. S. 32): Was macht es, wenn sie sich nicht merken können, welche Farbe gerade bedient werden muss? Sie wollen oder können sowieso nicht immer bedienen, sondern legen einfach nur eine Karte. Oder aber Sie spielen Spiele, die sich aus der Arbeit mit dieser Zielgruppe entwickelt haben, wie z. B. „Erinnerungskisten“ (vgl. S. 75), „Sprüche klopfen“ (vgl. S. 73) oder

„Puzzeln mit geteilten Bildern" (vgl. S. 56). Auch demente Senioren machen gern mal etwas Neues und lassen sich auf Experimente ein.
Die Spiele in diesem Buch eignen sich nicht alle für Menschen mit Demenz. Entscheidend dafür, welche Spielvorschläge noch gespielt werden können und welche nicht, ist das Stadium der Krankheit und die individuelle kognitive Leistungsfähigkeit. Während für Frühbetroffene die schwierigeren Spielansätze eine Herausforderung darstellen können, die noch gern angenommen wird, stellen sie für andere eine Überforderung dar. Wägen Sie ab, was Sie für Ihre Gruppe oder Ihren zu Betreuenden als geeignet erachten. Bei vielen Spielen finden Sie Hinweise auf vielleicht geeignete Spielvarianten. Ansonsten geben die Übersichtstabellen auf den letzten Seiten des Buches Hilfen zur Orientierung.
Man kann im Einzelfall jedoch durchaus auch andere Erfahrungen machen. Es kann sein, dass sich ein einfaches Spiel mit bestimmten Mitspielern als nicht umsetzbar erweist, dagegen ein mittelschweres oder schweres beispielsweise aufgrund einer guten Tageskonstitution gelingt. Sollten Sie sich nicht sicher sein, wagen Sie den Versuch. Was kann schiefgehen? Wenn die gestellten Anforderungen nicht erfüllt werden können, erklärt man das Spiel gemeinsam für komisch. Oder sagt: „Das ist nicht schön und macht keinen Spaß." Dann liegt die Verantwortung beim Spiel und nicht bei den Spielern. Man lässt es verschwinden und nimmt sich anderes vor. Oder Sie passen die Spielregeln den Bedürfnissen, Interessen und Fähigkeiten der Mitspieler an und gestalten sie um. Betrachten Sie die Spielbeschreibung als Vorschlag, der jederzeit geändert werden kann. Vielleicht haben Sie oder die Senioren ja viel bessere Ideen!
Seien Sie auch kreativ bei den Spielmaterialien: Sind bei alten, bekannten Spielen die Materialien nicht mehr geeignet, setzen Sie andere ein, wie etwa Knöpfe oder Plastikschraubverschlüsse von Getränkeflaschen beim „Murmelspiel" (vgl. S. 181). Beim „Klammerhüpfen" (vgl. S. 40), das dem Flohspiel nachempfunden ist, finden Wäscheklammern Verwendung.
Eines der großen Probleme der Demenz ist der Verlust der Orientierung. Umso wichtiger ist es, Orientierungshilfen auch im Spiel anzubieten. Ist eine Gruppenstunde zu gestalten, wird ein Spiel diese nicht ausfüllen. Alle möglichen Spiele oder Aktionen aneinanderzureihen, würde zusätzlich verwirren. Optimal ist es, **themenzentriert** vorzugehen, d. h., es werden verschiedene Aktivitäten geplant, die sich um ein bestimmtes Thema ranken.

Beispiel: das Thema Kopfbedeckungen

1. **Einstieg in das Thema finden:** Der Einstieg sollte spannend gestaltet werden, damit die Konzentration gebunden wird und das Gehirn „warmläuft". Ein Hut, eine Mütze und ein Kopftuch liegen auf dem Tisch und können von allen betrachtet werden. Einleitend sollten diese Dinge von den Mitspielern benannt und der entsprechende Oberbegriff als Thema, nämlich Kopfbedeckungen, gesucht werden.
   Eine andere Möglichkeit wäre es, einen Hut auf ein Tablett zu legen und mit einem Tuch gut abzudecken. Das Tablett wird herumgereicht, sodass jeder einmal von außen fühlen kann, was wohl unter dem Tuch versteckt ist.
2. **Wörtersammlung:** Welche Kopfbedeckungen gibt es noch? *(Kappe, Haube, Kapuze, Helm, Schleier, Zylinder, Doktorhut, Sonnenhut, Damenhut, Perücke, Dreispitz ...)*
3. **Kennen Sie ein Lied**, in dem ein Hut eine Rolle spielt? *(„Mein Hut, der hat drei Ecken" oder „Ich kauf mir lieber einen Tirolerhut")* Singen Sie gemeinsam, so weit der Text bekannt ist.
4. **Ein geselliges Spiel als Konzentrationsübung:** „Schlapp hat den Hut verloren" (vgl. S. 52)
5. **Fingerbewegung:** Einen Hut aus Zeitungspapier falten; wer kann das noch?
6. **Diskussionsrunde:** Wer trägt heute noch Hut? Wie war das früher?

Zusammenfassend und ergänzend einige grundsätzliche methodische Hinweise und Regeln:

- Das Angebot sollte an die Interessen der Senioren anknüpfen, nach dem Motto: „Was mich nicht interessiert, dazu habe ich keine Lust!"
- Der Grundsatz der Freiwilligkeit ist zu beachten: Keiner muss mitmachen! Man darf auch mal einfach dabei sein und zusehen.
- Schulsituationen mit Abfragen und Belehren sind unbedingt zu vermeiden.
- Vorhandenes Wissen sollte immer wieder abgerufen werden, um es möglichst zu erhalten und den Fokus auf das Können zu legen.
- Durch Herstellen und Nutzen biografischer Bezüge sollten eigene Erinnerungen geweckt und individuelle Bezüge hergestellt werden.
- Nicht ganz richtige Antworten werden nicht korrigiert, sondern entsprechend interpretiert. Jeder noch so unglückliche Beitrag ist ein Diskussionsbeitrag und wird gewürdigt.

- Jede Aktion sollte zu einem Erfolg führen.
- Rituale unterstützen die Orientierung: Die Gruppenstunde findet immer am selben Ort statt, beginnt immer mit einer persönlichen Begrüßung und endet beispielsweise immer mit einem Lied.
- Zeit lassen: Die Krankheit bewirkt eine verzögerte Reizaufnahme und -verarbeitung. Spielen bedeutet verstehen, denken und handeln. Dafür braucht ein Mensch mit Demenz Zeit.
- Suchen Sie Anknüpfungspunkte für Gespräche und fördern Sie Interaktion und Kommunikation. Wenn lebhafte Gespräche stattfinden, sind diese viel wichtiger als jede Übung!
- Vorsicht mit schriftlichen Übungen! Es kann schnell zu Überforderungen kommen.
- Bewegungsübungen sollten einen großen Stellenwert haben, damit der Kreislauf in Schwung kommt, Stress abgebaut und dem Bewegungsdrang entgegengewirkt wird.
- Die Sinne werden immer wieder vielfältig angesprochen, da sie die Verbindung zur realen Umwelt bedeuten.
- Vorsicht mit Aktivierungsmaterialien, die an Essbares erinnern. Sie könnten schnell im Mund verschwinden. So können beispielsweise Mühlesteine für Schokolade oder Pralinen gehalten werden, derer man sich bedienen kann.
- Während des Spielens das Trinken nicht vergessen!
- Und ganz wichtig: Sparen Sie nicht mit Lob!
- Gehen Sie das Spielen mit viel Humor an. Auch Menschen mit Demenz spielen und lachen gern!

Gesellschafts-, Glücks- und andere Spiele

Schwarzer Peter

Schwierigkeitsgrad: sehr einfach
Spielmaterial: 1 „Schwarzer Peter"-Spiel
Gruppengröße: 2–8 Mitspieler

Spielverlauf

Alle Karten werden gleichmäßig an die Mitspieler verteilt, die diese gefächert in die Hand nehmen. Der linke Nachbar eines Mitspielers zieht aus dessen Hand eine Karte und kontrolliert, ob er eine gleiche schon einmal auf der Hand hat. Ist das der Fall, kann er das Paar ablegen. Falls nicht, fügt er die gezogene Karte seinen zu und lässt wiederum seinen linken Nachbarn eine seiner Karten ziehen. So wird reihum immer eine Karte vom linken Nachbarn gezogen. Durch die nach und nach abgelegten Paare bleibt am Ende nur noch der Schwarze Peter übrig.
Ziel ist es, alle Karten loszuwerden und nicht als Letzter den Schwarzen Peter zu behalten.

Sollte kein entsprechendes Spiel zur Verfügung stehen, kann auch mit einem „Skat"-Blatt gespielt werden, wenn ein schwarzer Bube herausgenommen wird. Der andere schwarze Bube dient als Schwarzer Peter, zwei rote oder zwei schwarze Siebenen, zwei rote oder zwei schwarze Damen oder Asse sind beispielsweise jeweils ein Pärchen.

Da die gängigen „Schwarzer Peter"-Spiele oft für viele Senioren schwierig zu erkennen sind, empfiehlt es sich, ein eigenes zu gestalten. Bekleben Sie herkömmliche Spielkarten auf der Vorderseite komplett deckend mit farbigem Tonpapier in unterschiedlichen Farben. Kleben oder schreiben Sie dann in einer Kontrastfarbe in beide oberen Ecken sowie auf den Kopf gedreht in die unteren eine Zahl, einen Buchstaben oder einen Punkt. Die Zahlen, Buchstaben usw. können sich bei den einzelnen Farben wiederholen. Als Paar gelten dann z. B. beide roten Karten mit einer Drei oder beide grünen mit roten Punkten. Durch die Kennzeichnung der Karten in allen vier Ecken können die Gestaltungskombinationen unabhängig davon, wie herum die Karten in der Hand sortiert sind, erkannt werden. Alle Karten müssen doppelt hergestellt werden. Nur eine sollte komplett schwarz sein.

Quartett

Schwierigkeitsgrad:	sehr einfach
Spielmaterial:	1 „Quartett"-Spiel
Gruppengröße:	2–8 Mitspieler

Spielverlauf

Alle Karten werden gleichmäßig an die Mitspieler verteilt, die diese gefächert in die Hand nehmen. Um den Überblick zu behalten, ist es sinnvoll, die Karten zu sortieren und zusammengehörige nebeneinanderzustecken. Der linke Nachbar eines Mitspielers zieht aus dessen Hand eine Karte, fügt diese seinen hinzu und kontrolliert, ob er dazugehörige Karten auf der Hand hat. Sollte es die vierte Karte eines Quartetts sein, darf er dieses komplett ablegen. Dann lässt er wiederum seinen linken Nachbarn eine seiner Karten ziehen. So wird reihum immer eine Karte vom linken Nachbarn gezogen. Hat jemand keine Karten mehr auf der Hand, weil er viele ablegen konnte und seine letzte Karte gezogen wurde, scheidet er aus. Ziel ist es, möglichst viele Quartette abgelegt zu haben, wenn alle Karten gezogen sind und das Spiel damit beendet ist.
Spielen nur zwei Personen gegeneinander, sollte die Anzahl der Karten bzw. der vorhandenen Quartette verringert werden.

Sollte kein entsprechendes Spiel zur Verfügung stehen, kann auch mit einem halben oder kompletten „Rommé"-Blatt gespielt werden. Vier Karten mit der Zahl 7, vier Damen oder Asse usw. bilden dann jeweils ein Quartett.

Beachten Sie den Bastel-Tipp unter dem Spiel „Schwarzer Peter" (vgl. S. 30). Für ein Quartett müssen jedoch immer vier eindeutig zusammengehörige Karten gestaltet werden. Eine Sonderkarte ist nicht erforderlich.

Lügen und Betrügen

Schwierigkeitsgrad: sehr einfach
Spielmaterial: 1 „Skat"-Spiel
Gruppengröße: 2–8 Mitspieler

Spielverlauf

Die Karten werden gut gemischt und alle bis auf eine gleichmäßig an die Mitspieler verteilt. Die letzte Karte wird offen in die Mitte gelegt. Die Farbe dieser Karte ist Trumpf und muss im Folgenden grundsätzlich bedient werden. Das bedeutet, alle Mitspieler sind angehalten, reihum eine Karte derselben Farbe verdeckt darauf zu legen.
Da die Karten der geforderten Farbe ungleichmäßig verteilt sind, kann es sein, dass Mitspieler keinen oder nur wenige Trümpfe auf der Hand haben. Sie sind dann gezwungen, andere Karten auf den Stapel zu legen, sollten das aber nicht zu erkennen geben. Das Ablegen wird so lange reihum fortgesetzt, bis einer der Mitspieler zu jemandem, der gerade eine Karte abgelegt hat, sagt: „Du lügst!"
Die letzte gelegte Karte wird aufgedeckt. Ist der Trumpf bedient worden, bekommt derjenige, der Zweifel angemeldet hatte, den gesamten inzwischen angesammelten Stapel. Ist Trumpf nicht bedient worden, muss derjenige, der gelogen hat, den Stapel an sich nehmen. Wer die Karten nehmen musste, darf dann wieder eine Karte in die Mitte legen und bestimmt damit, was als Trumpf in der nächsten Runde bedient werden muss. Ziel ist es, möglichst schnell alle Karten loszuwerden. Wird zu zweit gespielt, sollte die Anzahl der Karten verringert werden.

Kartenhäuser bauen
Können Ihre Senioren noch kleine Kartenhäuser bauen? Wer schafft die größten?
Selbst gestaltete Karten wie im Tipp unter dem Spiel „Schwarzer Peter" (vgl. S. 30) eignen sich als Baumaterial besonders gut, da sie etwas dicker und schwerer sind.

Mau-Mau

Schwierigkeitsgrad: einfach
Spielmaterial: 1 „Skat"-Spiel
Gruppengröße: 2–6 Mitspieler

Spielverlauf

Die Karten werden gut gemischt und verteilt. Jeder Mitspieler erhält fünf Karten, die er nach Farben und Wert geordnet wie einen Fächer in die Hand nimmt. Der Rest wird verdeckt als Stapel auf den Tisch gelegt. Die oberste Karte des Stapels wird aufgedeckt und danebengelegt. Mit dieser Karte wird das Spiel eröffnet. Reihum versucht jeder Spieler, eine Karte darauf abzulegen. Er darf nur eine Karte der gleichen Farbe (Karo, Herz, Pik, Kreuz) oder des gleichen Werts (7, 8, 9, 10, Bube, Dame, König oder Ass) auflegen. Kann er nicht bedienen, zieht er eine Karte vom verdeckten Stapel. Diese darf er jedoch nicht mehr ablegen, sondern nimmt sie auf die Hand. Hat ein Spieler eine Karte abgelegt oder vom Stapel gezogen, ist der nächste an der Reihe. Ziel des Spiels ist es, auf diese Weise möglichst schnell alle Karten loszuwerden. Bevor jemand jedoch seine letzte Karte ablegen kann, sagt er in der Vorrunde, d.h. beim Ablegen der vorletzten Karte, laut: „Mau-Mau" und kündigt dadurch seine letzte Karte an. Wer als Erster keine Karten mehr hat, gewinnt das Spiel.

Für größere Gruppen bis zu acht Mitspielern können zwei „Skat"-Spiele oder ein halbes „Rommé"-Spiel eingesetzt werden.

Spielvarianten

Als verschärfte Regeln können folgende Vorgaben eingeführt werden:

- Der Bube wird wie ein Joker eingesetzt. Er muss allerdings in der Farbe zur obersten Karte des Stapels passen, sonst darf er nicht gelegt werden. Bube auf Bube ist nicht erlaubt. Wird er eingesetzt, kann der Spieler sich eine Farbe wünschen, die der nächste Spieler bedienen muss.
- Wird eine 7 gelegt, muss der nächste Spieler zwei Karten vom Stapel ziehen und auf die Hand nehmen.
- Wird eine 8 gelegt, muss der Nächste einmal aussetzen.
- Wird eine 9 gelegt, wechselt die Spielrichtung.

Karten anlegen

Schwierigkeitsgrad: sehr einfach
Spielmaterial: 1 „Skat"-Spiel
Gruppengröße: 2–6 Mitspieler

Spielverlauf

Die Buben aller vier Farben werden aussortiert und untereinander in einer Reihe offen auf den Tisch gelegt. Die übrigen Karten werden gut gemischt, dann erhält jeder Mitspieler drei Karten. Der Rest wird als Stapel so auf den Tisch gelegt, dass alle Spieler ihn erreichen können.
Reihum versucht nun jeder Mitspieler, eine seiner Karten rechts oder links an einen der Buben anzulegen. Die Farbe sowie die richtige Reihenfolge (7, 8, 9, 10, Bube, Dame, König, Ass) sind unbedingt einzuhalten. Sollte jemand keine passende Karte haben, kann er vom Stapel eine ziehen und diese, falls möglich, anlegen. Kann auch diese nicht angelegt werden, nimmt der Spieler sie zu seinen Karten in die Hand. Der Nächste ist an der Reihe.
Ziel ist es, seine Karten so schnell wie möglich anzulegen. Wer zuerst keine Karten mehr auf der Hand hat, gewinnt.

Ist die Gruppe größer, setzt man zwei „Skat"-Spiele oder ein halbes „Rommé"-Spiel ein.

Spielvariante

Falls Bube, Dame, König und Ass verwirren, kann das Spiel ausschließlich auf die Karten mit den Zahlen beschränkt werden. Ausgelegt wird dann eine der mittleren Zahlen von allen vier Farben. In diesem Fall empfiehlt sich ein halbes „Rommé"-Blatt, da auf die Weise mehr Zahlen zur Verfügung stehen. Oder die Karten des Spiels „Elfer raus!" kommen zum Einsatz.

Obstsalat

Schwierigkeitsgrad:	sehr einfach
Spielmaterial:	„Halli Galli"-Karten, 1 Würfel
Gruppengröße:	2–8 Mitspieler

Spielverlauf

Die Karten werden, sortiert nach der Anzahl der Früchte darauf, in Stapeln offen auf den Tisch gelegt. Ein Mitspieler würfelt, zieht analog der Würfelzahl, z. B. Drei, die oberste Karte von dem entsprechenden Stapel, beispielsweise drei Pflaumen, und legt diese offen vor sich hin. Dann würfelt der nächste Mitspieler und verfährt genauso. Wird eine Sechs gewürfelt, hat der Spieler die freie Auswahl, von welchem Stapel er zieht. Ist ein Stapel komplett leer gezogen, geht der Spieler leer aus, wenn er die entsprechende Zahl gewürfelt hat. Sind alle Karten verteilt, sortiert jeder seine Früchte und vergleicht mit den Mitspielern:

- Wer hat die meisten Obstsorten im Salat?
- Wer hat die meisten Erdbeeren, Pflaumen usw.?
- Wessen Salat ist wohl ziemlich sauer?

Spielvariante

Entsprechend der Jahreszeit können beispielsweise die Erdbeeren oder Pflaumen herausgenommen werden, sodass nur mit den Karten einer bestimmten Frucht gespielt werden kann. Diese werden dann alle offen sichtbar auf den Tisch gelegt. Reihum wird wieder gewürfelt und entsprechend der Würfelzahl eine Karte mit derselben Anzahl Erdbeeren genommen. Wird z. B. eine Fünf gewürfelt, fünf Erdbeeren sind aber nicht mehr vorrätig, kann der Spieler leer ausgehen oder er addiert zwei andere Karten, um auf fünf zu kommen. Sind alle Karten verteilt, addiert jeder seine gesamten Früchte. Wer hat die meisten?

Weitere Aktivitäten zum Thema Obst:

- *Gespräch über Anbau, Ernte und Verwendung der einzelnen Früchte*
- *Wortfindungsübung: Welche Obstsorten gibt es noch? Wo und wie wachsen diese?*
- *Gemeinsame Herstellung und Genuss eines Obstsalates*

Märchenstunde

Schwierigkeitsgrad:	einfach
Spielmaterial:	Spielplan, Würfel, Figuren und Karten des Spiels „Sagaland“
Gruppengröße:	2–6 Mitspieler

Spielverlauf

Vorbereitend werden die Bäume gemischt und neben die blauen Irrlicht-Felder gegenüber den Flämmchen neben den Weg gestellt. Die Bildkarten werden verdeckt als Stapel auf den Schlosshof gelegt. Alle Mitspieler platzieren ihre Spielfigur gegenüber dem Schloss im Ort. Für alle Spieler beginnt ihre Wegstrecke auf dem Sternenfeld am Stadttor. Reihum wird mit jeweils zwei Würfeln gewürfelt und die Spielfigur entsprechend den gewürfelten Punkten weitergezogen. Die Spieler können rechts und links von der hellen Straße in den Wald abbiegen und hin- und herlaufen, wie sie wollen. Kommen sie jedoch mit ihrer Würfelzahl genau an einen Baum, nehmen sie diesen auf und sehen sich die Abbildung unter dem Baum an. Dann gilt es, folgende Fragen zu beantworten: Was ist dargestellt? In welchem Märchen spielt es eine Rolle?

Sollten die Antworten nicht gefunden werden, überlegen alle Mitspieler gemeinsam. Zur Bestätigung der gefundenen Antwort oder auch als weitere Hilfe zur Klärung wird die zu der Abbildung unter dem Baum gehörende Bildkarte aus dem Stapel im Schlosshof gesucht. Ist die Antwort gefunden, werden Baum und Karte zur Seite gelegt und der nächste Spieler ist an der Reihe. Sind alle Bäume vom Spielfeld verschwunden, ist das Spiel beendet.

Nutzen Sie die Gelegenheit, um die Senioren die Inhalte der Märchen erinnern und sie erzählen zu lassen. Ob während des Spiels oder danach, hängt von der Geduld und der Konzentrationsfähigkeit der Gruppe ab. Bedenken Sie: Ein gutes Gespräch ist wichtiger als jede Spielregel.

Das Blumenspiel

Schwierigkeitsgrad:	sehr einfach
Spielmaterial:	pro Mitspieler mindestens 5 kreisrunde Blütenblätter gleicher Farbe aus Tonkarton (die Farben sollten bis auf gelb denen des Farbwürfels entsprechen), pro Spieler 1 etwas kleinerer, kreisrunder gelber Blütenstempel aus Tonkarton, 1 Farb- oder Zahlenwürfel
Gruppengröße:	2–8 Mitspieler
Vorbereitung:	Sie benötigen Blütenblätter mit ca. 8–10 cm Durchmesser sowie Blütenstempel mit 5–6 cm Durchmesser, die Sie aus Tonkarton ausschneiden.

Spielverlauf

Die Blütenblätter und die -stempel werden, farblich geordnet, in die Tischmitte gelegt, sodass alle sie erreichen können. Reihum würfelt jeder Mitspieler einmal und nimmt sich entsprechend der gewürfelten Farbe ein Blütenblatt. Mit dem ersten Blatt entscheidet sich die Farbe der Blume, die der Spieler legt. Bei jedem weiteren Würfeln darf nur ein weiteres Blütenblatt genommen werden, wenn eben diese Farbe gewürfelt wird. Ansonsten geht der Spieler leer aus und muss es in der nächsten Runde erneut versuchen. Wer fünf Blütenblätter bekommen hat, legt diese etwas überlappend in einen Kreis und muss nun noch die Mitte, d. h. einmal gelb, erwürfeln. Gelingt das, kann er sie zentral auf die Blütenblätter legen und seine Blüte vervollständigen. Wer zuerst seine Blume vollendet hat, gewinnt das Spiel. Alle anderen können jedoch weiter würfeln, bis ihre Blumen komplett sind.

Haben mehrere Spieler zu Anfang dieselbe Farbe gewürfelt, werden sie ihre Blumen vielleicht nicht vollenden können, weil es zu wenige Blütenblätter einer Farbe gibt. In diesem Fall können Blüten mit verschiedenfarbigen Blättern für alle Mitspieler ermöglicht werden. Alternativ nimmt der Spielleiter zu Beginn des Spiels ein Blütenblatt von jeder Farbe in die Hand und bietet den Spielern reihum für das erste Blatt das gesamte Farbsortiment zur freien Auswahl an.

Das Blumenspiel

Spielvariante

Die Blätter werden zu schönen großen Blüten aufgeklebt und gut lesbar mit Zahlen versehen: die Blütenblätter von „1" bis „5" und die Mitte mit „6". Zusätzlich benötigen Sie in derselben Anzahl und derselben Farbe wie die Blütenblätter und die Blütenstempel runde Punkte aus Tonkarton in der Größe der Zahlen, mit denen diese abgedeckt werden können, und einen Zahlenwürfel. Jeder Mitspieler erhält eine aufgeklebte Blüte, in derselben Farbe fünf Tonkarton-Punkte und einen gelben. Reihum würfelt jeder einmal mit dem Zahlenwürfel und verdeckt mit einem Punkt die von ihm gewürfelte Zahl auf seiner Blüte. Jeder muss im Laufe des Spiels einmal die Zahlen von Eins bis Sechs gewürfelt haben, um alle Zahlen abdecken zu können. Wem das als Erstem gelingt, der hat gewonnen.

Für eine weitere Variante können im Herbst große Kastanienblätter, ausgeschnitten aus grünem Tonkarton, als Spielvorlage dienen. Um die Stabilität zu erhöhen, wird das Kastanienblatt auf einen Karton mit einer Kontrastfarbe aufgeklebt und die fünf Blattteile werden von „1" bis „5" durchnummeriert. Zum Abdecken der Zahlen werden noch je fünf große, grüne Punkte benötigt oder fünf Kastanien. Wer eine Sechs würfelt, kann nichts abdecken und muss an den Nächsten abgeben.

Im Wonnemonat Mai oder zum Muttertag versehen Sie vielleicht ein großes Herz aus rotem Karton mit den Zahlen von „1" bis „6" und sechs kleine Herzen dienen jeweils zum Abdecken der Zahlen.

Auch die Punkte auf den Flügeln eines aus Tonkarton gebastelten Marienkäfers lassen sich nummerieren und mit anderen schwarzen Punkten abdecken.

Moderne Kunst

Schwierigkeitsgrad: sehr einfach
Spielmaterial: 1 Schachtel mit verschiedenfarbigen Wäscheklammern, 1 dazu passender Farbwürfel (ggfs. einen Würfel entsprechend den Wäscheklammerfarben neu bekleben), 1 großes Tablett oder eine andere feste Unterlage
Gruppengröße: 2–12 Mitspieler

Spielverlauf

Der erste Mitspieler würfelt, sucht sich eine Wäscheklammer aus, die zu der gewürfelten Farbe passt, und legt sie auf das Tablett. Da die Wäscheklammern meist nur in den vier Grundfarben verfügbar sind, gilt bei den übrigen beiden Farben des Würfels, dass der Spieler bei der einen leer ausgeht und bei der anderen die freie Auswahl bei der Wäscheklammerfarbe hat. Der nächste Spieler würfelt, wählt wiederum eine entsprechende Klammer und klammert diese an die erste. Alle weiteren Mitspieler verfahren in derselben Weise. Es darf in alle Richtungen geklammert werden. Nach und nach entsteht so ein modernes Kunstwerk, das mit dem Tablett problemlos weitergereicht werden kann, sodass jeder es gut erreicht.
Das Kunstwerk ist vollendet, wenn die Gruppe dies beschließt oder die Klammern aufgebraucht sind. Ist das der Fall, kann zurückgewürfelt werden: Es wird weiterhin reihum gewürfelt und jeder Spieler klammert eine Klammer der entsprechenden Farbe ab.
Achtung! Jetzt kann es sein, dass es nicht möglich ist, eine Klammer in der gewürfelten Farbe zu entfernen. In diesem Fall muss der jeweilige Spieler tatenlos an den nächsten Spieler weitergeben.

Am besten eignen sich billige Plastikklammern, bei denen die Federn nicht besonders stramm sind. Diese können auch wunderbar zur Fingergymnastik eingesetzt werden. Ziel ist, die Koordination zu trainieren und die Finger zu kräftigen. Man nimmt eine Klammer zwischen Zeigefinger und Daumen und betätigt sie 2- bis 3-mal, dann nimmt man sie zwischen Mittelfinger und Daumen, drückt sie wieder, dann zwischen Ringfinger und Daumen etc. Der kleine Finger ist am schwächsten. Und vergessen Sie nicht die andere Hand!

Klammerhüpfen

Schwierigkeitsgrad:	sehr einfach
Spielmaterial:	1 flache Schachtel oder Schüssel, verschiedenfarbige Wäscheklammern
Gruppengröße:	2–8 Mitspieler

Spielverlauf

Alle Mitspieler sitzen um einen Tisch herum. Eine flache Schachtel oder Schüssel wird in die Mitte gestellt. Die Mitspieler sollten etwas Distanz dazu haben. Jeder Teilnehmer erhält drei Wäscheklammern einer Farbe. Die Farben sollten sich abwechseln und rund um den Tisch verteilt sein. Bei acht Mitspielern bekommt der erste beispielsweise drei rote Klammern, der zweite drei grüne, der dritte drei blaue, der vierte drei gelbe, der fünfte wieder drei rote, der sechste drei grüne usw. Spieler, die Wäscheklammern in derselben Farbe haben, spielen in einem Team. Nun versucht jeder, seine Klammern in die Schachtel oder in die Schüssel zu schnippen, indem er eine Klammer so auf den Tisch legt, dass er sie von oben mit dem Zeigefinger zusammendrücken kann. Lässt er den Finger dann abrutschen, springt die Klammer weg. Bestenfalls in die Schachtel. Gelingt das nicht, liegt sie irgendwo auf dem Tisch und darf nur von einem Mitspieler aus der entsprechenden Farbgruppe weitergespielt werden, wenn dieser an der Reihe ist.
Ziel ist es, als Gruppe alle Klammern möglichst schnell in die Schachtel zu befördern.

Je nach Geschicklichkeit der Mitspieler empfiehlt es sich, zuvor zur Übung mit den Klammern zu schnipsen. Meist lassen sich die Senioren schnell animieren, wenn Zielvorgaben gemacht werden, wie: Wer kommt am weitesten? Wer kann am höchsten schnipsen? Wessen Klammer trifft beispielsweise gegen eine hohe Dose?

Würfeln mit einem Würfel

Schwierigkeitsgrad:	einfach
Spielmaterial:	1 Zahlenwürfel
Gruppengröße:	2–12 Mitspieler

Spielverlauf

Vor Beginn des Spiels wird von einem Spielleiter oder durch Abstimmung in der Gruppe eine höhere Zahl festgelegt, die es zu erreichen gilt, beispielsweise 100. Anschließend würfelt der erste Spieler, nennt laut die gewürfelte Zahl und gibt den Würfel an seinen linken Nachbarn weiter. Dieser würfelt ebenfalls, addiert seine Würfelzahl zu der des Vorgängers, teilt der Gruppe das Ergebnis mit und gibt den Würfel ebenfalls weiter. Der nächste Spieler verfährt genauso und gibt an den Nebenmann weiter. So wird die jeweils gewürfelte Zahl hinzuaddiert, bis das Ziel, die zu Beginn vereinbarte Zahl, erreicht ist.

Spielvarianten

* Schwieriger wird es, wenn beispielsweise die Sechs eine besondere Funktion bekommt und nicht zur Summe addiert, sondern subtrahiert wird. In diesem Fall muss zuvor eine Startzahl, z. B. 30, festgelegt werden. Der erste Spieler addiert seine Würfelzahl zur 30 oder – falls er eine Sechs gewürfelt hat – zieht er sie von 30 ab. Der Nächste verfährt mit dem vom Vorgänger errechneten Ergebnis genauso. Ziel ist es, nach Möglichkeit 0 zu erreichen.
* Es kann auch die Regel gelten, dass alle geraden Zahlen addiert werden und alle ungeraden subtrahiert. Als Ausgangszahl bietet sich 50 an. Ziel ist es, 0 oder 100 zu erreichen.
* Beginnend bei 100, werden alle jeweils gewürfelten Zahlen subtrahiert.
* Alle beschriebenen Varianten können auch gespielt werden, indem nicht die auf dem Würfel oben liegende Zahl zählt, sondern die untere, die man nicht sieht. Dazu muss man nur wissen, dass die gegenüberliegenden Zahlen auf einem Würfel immer die Summe sieben ergeben.

Die höchste Zahl gewinnt

Schwierigkeitsgrad:	sehr einfach
Spielmaterial:	6 Zahlenwürfel, 1 Knobelbecher, Papier und Stift für den Spielleiter
Gruppengröße:	2–8 Mitspieler
Vorbereitung:	Bereiten Sie eine Tabelle mit allen Namen der Mitspieler vor, in die die jeweils erreichten Punkte eingetragen werden.

Spielverlauf

Der erste Spielteilnehmer würfelt mit allen sechs Würfeln und addiert seine Zahlen. Die Summe wird in die Liste unter seinem Namen eingetragen. Dann ist der nächste an der Reihe und verfährt genauso. Ziel des Spiels ist es, eine möglichst hohe Punktzahl zu erreichen.

Die Gruppe vereinbart, wie lange gespielt wird. Die Kür des Gewinners kann nach jeder Runde erfolgen und in der Liste in einer besonderen Spalte vermerkt werden. Zum Schluss wird ausgezählt, wer am häufigsten gewonnen hat. Oder nach Ablauf aller Spielrunden werden die Punkte jedes Mitspielers addiert und verglichen.

Überfordert das Spiel die Spieler mit sechs Würfeln, kann die Anzahl beliebig reduziert werden.

Sechs zählt

Schwierigkeitsgrad:	sehr einfach
Spielmaterial:	3 Würfel, 1 Würfelbecher, Papier und Stift für den Spielleiter
Gruppengröße:	2–8 Mitspieler
Vorbereitung:	Bereiten Sie eine Tabelle mit allen Namen der Mitspieler vor, in die die jeweils erreichten Punkte eingetragen werden.

Spielverlauf

Reihum würfelt jeder Mitspieler mit den drei Würfeln 3-mal. Gewertet werden nur die Sechsen. Diese werden bei jedem Wurf aussortiert. Mit den verbleibenden Würfeln erfolgt der zweite Wurf, aus dem wieder die gewürfelten Sechsen aussortiert werden. Dann erfolgt mit dem Rest der Würfel der dritte Wurf. Alle Sechsen werden anschließend addiert und die Summe (0 bis max. 18) in die Tabelle unter dem Namen des Spielers eingetragen. Dann ist der nächste an der Reihe und verfährt genauso. Die Gruppe beschließt selbst, wie viele Runden gespielt werden. Ist das Spiel beendet, werden die Ergebnisse jedes Spielers addiert und der Sieger gekürt.

Spielvariante

Außer der Sechs zählt auch die Eins.

Die Punktbewertung wird unterschiedlich gehandhabt. Die Sechs kann sechs oder 60 Punkte zählen, die Eins einen, zehn oder 100. Welche Variante für gültig erklärt wird, sollte vor Spielbeginn mit den Mitspielern geklärt werden.

Es ist durchaus möglich, dass die Spieler trotz gleicher Besetzung der Runde an einem Tag die eine, an einem anderen die andere Variante wählen.

Alles zählt, Eins verliert

Schwierigkeitsgrad:	einfach
Spielmaterial:	1 Würfel, Papier und Stift für den Spielleiter
Gruppengröße:	2–12 Mitspieler, eine gerade Anzahl
Vorbereitung:	Es werden zwei gleich große Gruppen gebildet. Bereiten Sie eine Tabelle mit drei Spalten vor: für Gruppe 1, Gruppe 2 und für die jeweilige Siegergruppe.

Spielverlauf

Dies ist ein Wettspiel zwischen zwei Gruppen. Gruppe 1 beginnt, indem reihum jedes Gruppenmitglied einmal würfelt und seine Würfelzahl jeweils zur vorherigen addiert. Würfelt jedoch jemand eine Eins, verfällt das gesamte bisherige Ergebnis. Der nächste Spieler muss wieder bei null anfangen. Hat jeder Spieler dieser Gruppe einmal gewürfelt und seine Zahl addiert, wird das Resultat der Gruppe in die Tabelle eingetragen. Die zweite Gruppe ist an der Reihe. Sie verfährt genauso. Gewonnen hat die Gruppe, die das höhere Ergebnis erzielte. Das wird nun in der dritten Spalte vermerkt. Die Gruppe beschließt zu Beginn, wie viele Runden gespielt werden. Ist das Spiel beendet, wird anhand der dritten Spalte ausgewertet, welche Gruppe am häufigsten gewonnen hat.

Spielen nur zwei Gegner gegeneinander, hat jeder pro Runde drei Würfe. Ansonsten gelten dieselben Regeln.

Kniffeln nach vereinfachten Regeln

Schwierigkeitsgrad:	einfach
Spielmaterial:	1 Würfelbecher mit 5 Würfeln, Papier und Stift für den Spielleiter
Gruppengröße:	2–6 Mitspieler
Vorbereitung:	Bereiten Sie eine Tabelle nach unten stehender Vorlage mit allen Namen der Mitspieler vor, in die die jeweils erreichten Punkte eingetragen werden können.

Spielverlauf

Reihum würfelt jeder Mitspieler 3-mal und versucht, möglichst viele Einsen, Zweien, Dreien, Vieren, Fünfen oder Sechsen zu sammeln. Ergibt beispielsweise der erste Wurf: Eins, Drei, Fünf, Zwei und Fünf, hat der Spieler sofort zwei Fünfen. Bei den nächsten zwei Würfen würde er nun versuchen, weitere zu bekommen. Die zwei Würfel mit den Fünfen lässt er deshalb liegen. Mit den restlichen Würfeln würfelt er erneut. Angenommen, der Wurf ergibt Vier, Eins und Fünf, dann wird die Fünf zu den anderen beiden gelegt. Der dritte Wurf ergibt Zwei und Drei. Der Zahlenwert der drei beiseite gelegten Fünfen (3x5) beträgt 15 Punkte und wird für den Spieler in der Tabelle eingetragen. Nun ist der Nächste an der Reihe. Dieser könnte im ersten Wurf folgendes Ergebnis erzielen: Zwei, Drei, Fünf, Vier und Eins. Da keine Zahl mehrfach vorkommt, muss der Spieler sich für eine Zahl entscheiden oder mit allen Würfeln noch einmal würfeln.

Es werden insgesamt sechs Runden gespielt. In jeder Runde sammelt jeder Spieler eine andere Zahl. Die jeweils erreichten Punkte werden summiert und in die Tabelle eingetragen. Ziel des Spiels ist es, eine möglichst hohe Punktzahl zu erreichen. Der Spieler mit dem höchsten Ergebnis hat gewonnen.

Wurf	1. Spieler	2. Spieler	3. Spieler	4. Spieler
⚀				
⚁				
⚂				
⚃				
⚄				
⚅				
Ergebnis				

1 bis 9 im Quadrat

Schwierigkeitsgrad:	einfach
Spielmaterial:	2 Würfel, Spielvorlage und Stift für jeden Mitspieler
Gruppengröße:	2–8 Mitspieler
Vorbereitung:	Zeichnen oder vervielfältigen Sie die unten abgebildete Spielvorlage, sodass jeder Mitspieler eine bekommt.

Spielverlauf

Jeder Mitspieler erhält Stift und Spielvorlage. Es wird reihum einmal mit zwei Würfeln gewürfelt. Wenn der erste Spieler gewürfelt hat, muss er entscheiden, ob er eine der gewürfelten Zahlen – oder alternativ beide als Summe – nutzen möchte und die entsprechende Zahl in seinem Quadrat streichen. Kann er nichts streichen, gibt er an den nächsten ab. Dann kommt der nächste Mitspieler an die Reihe, würfelt ebenfalls und streicht nach Möglichkeit eine Zahl in seinem Quadrat. Wer hat als Erster alle neun Zahlen durchgestrichen?

Spielvarianten

- **Schwieriger** wird es, wenn anstelle der Zahlen die ersten neun Buchstaben des Alphabets ungeordnet in die Tabelle eingetragen werden. Die gewürfelten Zahlen oder deren Summe würden in diesem Fall die entsprechende Stelle im Alphabet angeben, z. B. 1 = A, 2 = B, 3 = C usw.
- **Leichter** ist es, wenn Symbole, kleine Bilder (Kreis, Fragezeichen, Dreieck, Herz, Stern, Ei, Baum, Blüte, Glocke ...) oder Farben eingesetzt werden. Dafür ist es allerdings notwendig, (Blanko-)Würfel entsprechend zu bekleben oder zu bemalen. Weil in der Tabelle nur neun von den zwölf Bildern oder Farben erscheinen, wiederholen sich drei oder man erweitert die Tabelle auf zwölf Felder. Zuvor sollte festgelegt werden, ob beide Würfel gelten oder sich der Spieler bei einem Wurf zwischen beiden entscheiden muss.

1	2	3
4	5	6
7	8	9

Geben und Nehmen

Schwierigkeitsgrad:	sehr einfach
Spielmaterial:	1 Würfel mit folgenden Beschriftungen: „Nimm 1", „Nimm 2", „Nimm alles", „Gib 1", „Gib 2" und „Gib alles", pro Mitspieler etwa 8–10 Spielchips, Knöpfe, Flaschenschraubverschlüsse oder verpackte Bonbons, 1 Schale
Gruppengröße:	3–8 Mitspieler

Spielverlauf

Die Gruppe sitzt um einen Tisch herum. In der Mitte wird eine Schale mit allen Spielchips als Kasse platziert. Aus dieser Kasse bekommt jeder Mitspieler vor Beginn des Spiels fünf Chips. Der erste Spieler würfelt einmal und nimmt oder gibt entsprechend der gewürfelten Anweisung ein, zwei oder alle Spielchips, die er hat. Das Geben und Nehmen erfolgt immer in die Kasse hinein oder daraus. Hat der Spieler der Anweisung Folge geleistet, ist der nächste an der Reihe und verfährt genauso. Auf diese Weise wandern die Chips hin und her.

Vor Beginn des Spiels entscheidet die Gruppe, wann das Spiel enden soll. Es kann beispielsweise eine bestimmte Anzahl von Runden festgelegt werden. Oder die Spieler scheiden nach und nach aus, sobald sie über keinen Einsatz mehr verfügen. Gewonnen hat, wer am Schluss über die meisten Spielchips verfügt, oder das Spiel endet, wenn jemand den gesamten Kasseninhalt gewonnen hat.

Im Spielwarenhandel werden entsprechende Würfel oder Kreisel mit der passenden Beschriftung angeboten. Ansonsten kann ein seniorengerechter, größerer Blanko-Würfel beschriftet oder ein normaler größerer Zahlenwürfel mit einer Beschriftung beklebt werden.

Schokolade essen

Schwierigkeitsgrad:	sehr einfach
Spielmaterial:	1 Würfel, 1 Hut oder 1 Kappe, 1 Schal, 1 gut verpackte Tafel Schokolade oder 1 Pralinenschachtel, 1 nicht besonders scharfes Messer und 1 Gabel, 1 Brettchen oder 1 Teller
Gruppengröße:	4–8 Mitspieler
Vorbereitung:	Verpacken Sie eine Tafel Schokolade oder eine kleine Schachtel Pralinen in einige Schichten Zeitungspapier, das mit einem Band leicht zugebunden und verknotet wird.

Spielverlauf

Die Spieler sitzen um einen Tisch herum, auf dem das Schokoladenpäckchen, Messer und Gabel, Hut oder Kappe und Schal sowie evtl. ein Brettchen oder Teller liegen. Reihum wird so lange gewürfelt, bis ein Mitspieler eine Sechs bekommt. Dieser setzt sich möglichst schnell den Hut auf, legt den Schal um und beginnt, mit Messer und Gabel das Päckchen zu öffnen. Währenddessen würfeln die anderen Spieler weiter. Würfelt wieder ein Spieler eine Sechs, muss der mit der ersten Sechs Messer, Gabel, Hut, Schal und auch das Schokoladenpäckchen an den nächsten abgeben. Dieser zieht die Kleidungsstücke an, nimmt das Besteck und setzt das Auspacken der Schokolade fort, bis erneut jemand eine Sechs würfelt und er alles an diesen abgeben muss. Ist die Schokolade komplett ausgepackt, wird sie in Stückchen zerteilt. Dies kann durchaus noch zum Spielverlauf gehören, wenn die Tafel mithilfe von Messer und Gabel auf ein Brettchen oder einen Teller gelegt und in ihre Stücke zerteilt wird. Währenddessen wird noch nicht genascht! Bei einer Pralinenschachtel braucht diese nur so weit geöffnet werden, bis alle Pralinen griffbereit liegen. Ist alles mundgerecht vorbereitet und das Spiel vorbei, werden die Süßigkeiten zum Verzehr angeboten. Jeder darf sich bedienen. *Guten Appetit!*

Verfügen die Senioren über eine gute Koordinationsgabe und sind in ihrer Fingerbeweglichkeit und Geschicklichkeit nicht eingeschränkt, können zusätzlich zu Hut und Schal noch Handschuhe eingesetzt werden.

Aus hygienischen Gründen wird auf das Aufessen der Schokolade während des Spielverlaufs verzichtet.

Domino

Schwierigkeitsgrad:	einfach
Spielmaterial:	1 Dominospiel
Gruppengröße:	2–6 Mitspieler

Spielverlauf

Alle Spieler sitzen um einen Tisch, in dessen Mitte die Dominosteine verdeckt liegen. Alle Steine wurden gut gemischt. Anschließend wird festgelegt, wie viele jeder Spieler zu Beginn ziehen darf. Die Zahl sollte zwischen zwei und fünf liegen, je nachdem wie viele Spieler der Gruppe angehören. Vor dem Spiel aber zieht jeder einen Stein und deckt ihn sofort auf. Derjenige, der in Summe beider Steinhälften die höchste Punktzahl hat, darf später das Spiel beginnen.
Dann ziehen alle ihre Steine, bis jeder über die vereinbarte Anzahl verfügt. Die gezogenen Steine stellt jeder so vor sich auf, dass die anderen sie nicht einsehen können. Die restlichen Steine, die nicht gezogen wurden, werden, verdeckt liegend, etwas zusammengeschoben oder in einen Beutel gegeben.
Der Spieler mit der höchsten Punktzahl legt nun einen Stein aus, beispielsweise 2 | 4. Sein linker Nachbar prüft, ob er einen mit einer gleichen Punktzahl – 2 oder 4 – hat, und legt 2 an 2 oder 4 an 4. Sollte er nicht anlegen können, da er über keinen entsprechenden Stein verfügt, zieht er einen der restlichen Steine und legt diesen, wenn möglich, an. Kann er auch diesen nicht anlegen, stellt er ihn zu seinen anderen Steinen und überlässt seinem linken Nachbarn das Spiel. Dieser prüft wieder, ob er an eines der Enden einen seiner Steine anlegen kann usw. Ziel ist es, seine Steine möglichst schnell loszuwerden. Das Spiel endet, wenn ein Spieler keine Steine mehr hat oder wenn der Rest der Steine aufgebraucht ist und kein Spieler mehr anlegen kann.
Sollten mehrere Runden gespielt werden, können nach jeder Runde für jeden Spieler die gesamten Punkte seiner restlichen, nicht angelegten Steine als Minuspunkte aufgeschrieben werden. Wer zum Schluss die wenigsten Minuspunkte gesammelt hat, gewinnt das Spiel.

Für Menschen mit Demenz sollte die Anzahl der zu ziehenden Steine gering gehalten werden. Im fortgeschrittenen Stadium kann mit zwei oder zunächst auch nur mit einem Stein gespielt werden.

Domino

Andere Einsatzmöglichkeiten für Dominosteine

- **Rechnen:** Die Steine werden in einen Beutel gegeben. Reihum nimmt jeder Spieler einen Stein heraus und addiert die Zahlen auf dem gezogenen Stein. Es kann auch subtrahiert, multipliziert und manchmal auch dividiert werden.
- Die Steine werden nach ihren Wertigkeiten, d.h. der Summe ihrer Punkte, sortiert: Alle mit derselben Summe werden in Reihen offen untereinander gelegt.
- Die Steine werden gestapelt. Unter welchen Bedingungen geht das auch hochkant?
- Alle Steine werden hochkant auf ihre kurze Seite hintereinander so aufgestellt, dass ihr Abstand zum Vordermann etwas kürzer ist als die eigene Länge. Wenn alle stehen, darf ein Spieler den letzten Stein anstoßen und die Schlange kippen lassen.
- **Nur für Tüftler:** Mit beliebig vielen Steinen wird ein Dreieck oder ein Quadrat gelegt, bei dem die Summe der Punkte auf jeder Seite gleich ist.

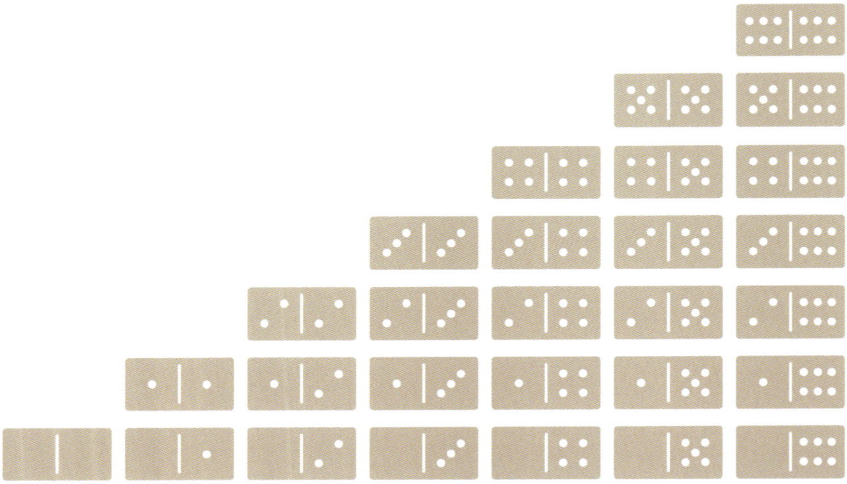

Knobeln mit Streichhölzern

Schwierigkeitsgrad:	mittel
Spielmaterial:	3 Streichhölzer je Mitspieler
Gruppengröße:	3–12 Mitspieler

Spielverlauf

Alle Mitspieler sitzen um einen Tisch herum. Jeder bekommt drei Streichhölzer, von denen er so viele er möchte in seine rechte Hand nimmt und diese zu einer Faust schließt. Die Anzahl der Streichhölzer in der rechten Hand kann null bis drei betragen. Der Rest der Hölzer befindet sich in der Linken. Wichtig ist, dass die anderen Spielteilnehmer nicht sehen können, wie viele Hölzer in welcher Hand sind. Haben alle ihre Streichhölzer sortiert, legen sie ihre rechte Faust vor sich auf den Tisch. Nun gilt es, einzuschätzen, wie viele Streichhölzer sich in allen rechten Händen zusammen befinden.

Ungeübte Gruppen sollten vorab gemeinsam überlegen, wie hoch die maximal mögliche Anzahl ist. Die wahrscheinliche Anzahl der Streichhölzer liegt zwischen null und der 3-fachen Zahl der Mitspieler. Jeder gibt nun reihum ein Angebot ab und muss sich dieses gut merken. Jede Zahl darf nur einmal genannt werden. Sind die Gebote abgegeben, öffnen alle ihre rechten Hände und rechnen reihum nach und nach alle Hölzer zusammen. Gewinner ist, wer die tatsächlich vorhandene Anzahl geschätzt hat oder dieser am nächsten liegt.

Für fitte Senioren ist das Spiel eine schöne Merk- und Konzentrationsaufgabe. Da viele sehr gern rechnen, ist es auch für Menschen mit Demenz geeignet, wenn man ihnen ein Blatt Papier und einen Stift zur Verfügung stellt. Darauf kann sich jeder Mitspieler sein Gebot notieren und hat so eine Merkhilfe.

Überfordern Streichhölzer die Motorik, können auch kleine Spielfiguren, Knöpfe oder andere kleine Gegenstände eingesetzt werden – eigentlich alle, die griffig sind und von denen drei Stück in eine Faust passen.

Schlapp hat den Hut verloren

Schwierigkeitsgrad:	einfach
Spielmaterial:	1 Kästchen mit Spielchips, Knöpfen, Holzstäbchen oder Korken als sogenannte Weckmarke; die Anzahl sollte etwa der Teilnehmerzahl entsprechen, ist jedoch vom Durchhaltevermögen der Gruppe abhängig. Je weniger Chips zur Verfügung stehen, desto schneller ist das Spiel beendet und umgekehrt.
Gruppengröße:	3–20 Mitspieler, je größer die Gruppe, desto mehr muss man sich konzentrieren

Spielverlauf

Alle Mitspieler sitzen im Kreis und das Kästchen mit den Spielmarken steht auf dem Tisch. Im Uhrzeigersinn werden alle Mitspieler einmal durchgezählt und jeder muss sich seine Zahl gut merken. Der Spieler mit der Eins fängt an und sagt beispielsweise: „Schlapp hat den Hut verloren, Fünf hat ihn!" Der Spieler mit der Nummer Fünf könnte antworten: „Fünf hat ihn nicht, Drei hat ihn!" Spieler Drei könnte darauf erklären: „Drei hat ihn nicht. Sechs hat ihn!" usw. Wenn jemand schläft und nicht oder falsch reagiert, bekommt er eine Weckmarke. Das Spiel endet, wenn alle Marken verteilt sind. Ziel ist es, möglichst wenige oder keine Marken zu erhalten. Bei fitten Teilnehmern sollte der Spielverlauf ein gewisses Tempo erreichen, sodass schnell reagiert werden muss.

Bei ***Menschen mit Demenz****, die sich ihre Nummer nicht merken können, werden die Zahlen groß und deutlich auf Karteikarten geschrieben. Diese werden den Mitspielern verdeckt angeboten. Jeder zieht eine. Die Karten legen die Spieler dann offen vor sich, um sich immer wieder daran zu orientieren. Der Spielverlauf sollte eher langsam erfolgen. Auf die Weckmarken wird notfalls verzichtet.*

Weitere Aktivitäten zum Thema Kopfbedeckung:

- *Ins Gespräch kommen: Welche Kopfbedeckungen gibt es noch?*
- *Finger bewegen: einen Hut aus Zeitungspapier falten*
- *Lied singen: „Mein Hut, der hat drei Ecken"*

Angeln

Schwierigkeitsgrad:	sehr einfach
Spielmaterial:	1 Angel mit Magnet, Fische mit Metallstück am Maul und anderes Angelgut aus einem Angelspiel, 1 Schüssel oder 1 kleiner Eimer
Gruppengröße:	2–8 Mitspieler

Spielverlauf

Alle Fische und das weitere Angelgut werden in die Schüssel oder den Eimer gelegt und mitten auf den Tisch gestellt. Reihum versucht jeder Mitspieler, einen Fisch oder Gegenstand zu angeln. War er erfolgreich, gibt er die Angel an den nächsten weiter. Ist die Schüssel leer gefischt, wird der Fund verglichen. Wer hat welche Fische erwischt? Können sie benannt werden? Wer hat den meisten Unrat geangelt?

Ein Angelspiel selbst basteln!

Sie brauchen: 1 Stück Besenstiel oder 1 alte Gardinenschleuder, 1 Stück Paketschnur, 1 flachen, runden und relativ starken Magneten, unter einen Sektkorken (echter Kork) geklebt. Umwickeln Sie den Korken an seiner Einkerbung mit der Schnur und verknoten Sie sie so, dass die Kordel von zwei gegenüberliegenden Stellen des Korkens nach oben über das nicht mit dem Magneten beklebte Korkenende geführt und auf der anderen Seite wieder verknotet werden kann. Auf diese Weise entsteht oberhalb des Korkens ein kleiner Henkel ähnlich einer Öse. Das ist wichtig, damit der Korken mit dem Magneten gerade nach unten hängt. Der Korken wird mit der Öse an ein Ende einer längeren (etwas kürzer als der Angelstiel) Schnur geknotet, die mit dem anderen Ende am Besenstiel oder der Gardinenschleuder festgemacht wird.

Die Fische (oder auch der Unrat) lassen sich in einfacher Form aus farbigem Tonkarton – nicht zu klein – ausschneiden. Maul, Augen, Flossen und Schuppen können nach Belieben aufgemalt werden. Abschließend wird mit dem Locher ein Loch in das Maul des Fisches gestanzt und eine Briefklammer darin befestigt oder zwei dünne Unterlegscheiben auf beiden Seiten aufgeklebt. Dadurch kann der Fisch geangelt werden.

Angeln

Anschließende Gesprächsthemen könnten sein:

- Welche Fischsorten kennen Sie?
- Welche haben Sie schon mal gegessen?
- Wie werden sie zubereitet? Isst man sie kalt oder warm?
- Über welche Körperteile verfügt ein Fisch?
- Welche Fische leben im Meer, welche in Bächen und Flüssen?
- Welche Wasserbewohner gibt es noch? Welche leben in und welche am Wasser?
- Eine Bewegungsübung: Wie bewegen sich Fische? Und andere Wasserbewohner?

Spielvariante

Basteln Sie befüllbare Fische, indem Sie zwei gleich große Fische ausschneiden und beide Lagen an den Seiten und unten zusammenkleben. Von oben kann der Fisch nun befüllt werden, sodass das Angeln mit Aufgaben verbunden werden kann. Der Reiz, einen Fisch zu erwischen, wird erhöht und dem Angeln ein zusätzlicher Sinn gegeben. Die Fische können dafür vor dem Spiel mit kleinen Zetteln versehen werden, auf denen ...

- ein halber Spruch steht, der ergänzt werden muss,
- ein Lied steht, das gesungen wird,
- ein Witz steht, der vorgelesen wird,
- ein Bild zu sehen ist, zu dem etwas erzählt werden soll,
- eine Redewendung steht, deren Bedeutung erklärt wird,
- ein Oberbegriff steht, zu dem Unterbegriffe gesucht werden,
- ein Buchstabe steht, mit dem Namen, Städte, Tiere, Pflanzen o. Ä. zu suchen sind,
- eine Bewegungsübung steht, die alle mitmachen sollen,
- oder in jedem Fisch steckt eine andere Anregung.

Für eine besondere Spielrunde können auch mal verpackte Schokoladenstückchen oder Bonbons in den Fischen versteckt werden.

Stapeln

Schwierigkeitsgrad:	sehr einfach
Spielmaterial:	für jeden Mitspieler je nach Gruppengröße 3–6 flache Hölzchen, wie Eisstiele, 1 nicht zu hohe Flasche
Gruppengröße:	2–6 Mitspieler

Spielverlauf

Die Flasche wird in die Mitte des Tisches gestellt, sodass alle sie gut erreichen können. Die Mitspieler erhalten alle gleich viele Hölzchen. Der erste aus der Runde beginnt, indem er ein Hölzchen oben auf den Flaschenhals legt. Sein rechter Nachbar legt ein weiteres Holz darauf oder – wenn der Flaschenhals breit genug ist – daneben usw. Fallen Hölzer herunter, muss der, der den Absturz verursacht hat, die unten Liegenden an sich nehmen. Der Nächste legt wieder ein Holz auf, gefolgt von seinem Nachbarn, bis ein Spieler kein Holz mehr zur Verfügung hat. Auf Wunsch kann das Spiel auch fortgesetzt werden, bis nur noch ein Spieler über Hölzer verfügt.

Je breiter der Flaschenhals ist, desto einfacher wird das Spiel, da der Turm stabiler gebaut werden kann.

Spielvariante

Es werden andere Materialien zum Stapeln eingesetzt: kleine Schachteln von Streichhölzern, Holzklötze, leere Konservendosen, Pappkartons o. Ä. Dabei wird direkt auf dem Tisch oder – falls die Größe der Gegenstände es erfordert – auf dem Fußboden gestapelt. Vor Baubeginn wird von der Gruppe entschieden, ob zwei oder mehr Gegenstände dieses Baumaterials als Basis gelegt werden dürfen oder nur ein Teil für einen schmalen Turm. Je nach Konstruktion und Material bietet es sich nach Fertigstellung auch an, mit kleineren Bällen ein Zielwerfen oder auf dem Tisch ein gezieltes Rollen der Bälle zu veranstalten, um das Bauwerk wieder einstürzen zu lassen.

Puzzeln mit geteilten Bildern

Schwierigkeitsgrad:	sehr einfach
Spielmaterial:	einfache, gleich große Abbildungen, z. B. von Gegenständen, Blumen oder Tieren
Gruppengröße:	2–6 Mitspieler
Vorbereitung:	Alle Bilder werden in der Mitte halbiert.

Spielverlauf

Alle Bildhälften dieser zweiteiligen Puzzles werden gut miteinander vermischt und offen in der Tischmitte ausgelegt. Die Teilnehmer versuchen nun gemeinsam, die zusammengehörenden Teile wieder zusammenzufügen. Sind alle Bilder vervollständigt, können ergänzende Aktionen erfolgen:

- Alle Abbildungen – Tiere, Blumen oder Gegenstände – werden benannt.
- Da Bilder meist Erinnerungen wecken, können sie unter Aspekten wie Wissen und eigene Erfahrungen besprochen werden.
- Die Bilder werden nach Oberbegriffen geordnet, bei Tierbildern beispielsweise nach Haus- oder wilden Tieren, einheimischen oder fremden oder danach, ob sie an Land, in der Luft oder im Wasser leben.
- Diese Listen können durch weitere Tiere ergänzt werden nach dem Motto: Wir kennen noch mehr!

Ideal sind Kärtchen aus einem Memo-Spiel. Als Bildmaterial können aber auch Spielkarten, Postkarten, Kalenderbilder oder Fotos genutzt werden. Wichtig sind einfache, eindeutige Bilder, auf denen nur ein Teil dargestellt ist, wie beispielsweise die zum Spiel „Auf den Inhalt kommt es an!" (vgl. S. 110) gehörenden Bilder im Anhang.

Ein jahreszeitlicher Bezug wird erzielt, wenn unterschiedlich farbige Herzen zum Muttertag oder verschieden gestaltete Ostereier auf Karton aufgeklebt und zerteilt werden. Im Bastelbedarf gibt es Blanko-Memo-Karten, für die man dann natürlich Bilder in der entsprechenden Größe braucht. Bildmaterial, das sich größenmäßig anpassen lässt und auch als Malvorlage genutzt werden kann, ist im Internet zu finden. So können malbegeisterte Senioren ihr Spiel dann selbst gestalten.

Puzzeln mit geteilten Bildern

Mit zwei-, drei- oder viergeteilten Bildern zu puzzeln, ist für Menschen mit kognitiven Einschränkungen, insbesondere für ***Menschen mit Demenz****, eine Erfolg versprechende Aufgabe. Je fortgeschrittener die Demenz, desto weniger sollte das Bild zerteilt sein. Oft reichen halbierte Bilder. Da in der Demenz das Abstraktionsvermögen sehr früh verloren geht, fällt es leichter, zwei zusammengehörende Dinge oder Teile aus einer größeren Menge herauszusuchen und die Zusammenhänge zu erkennen, als viele Teile zu einem Bild zusammenzufügen.*

Spielen mit Memo-Karten nach vereinfachten Regeln

Schwierigkeitsgrad: sehr einfach
Spielmaterial: Memo-Karten mit einfachen Abbildungen, beispielsweise von Gebrauchsgegenständen, Blumen oder Tieren
Gruppengröße: 2–8 Mitspieler

Spielverlauf

Alle Karten werden gut gemischt und in einem Raster horizontal und vertikal geordnet verdeckt so auf den Tisch gelegt, dass alle Spieler sie erreichen können. Der erste Spieler deckt zwei Karten auf. Stimmen die Bilder überein, darf er das Pärchen behalten. Hat er zwei verschiedene Bilder aufgedeckt, bleiben die Karten offen an ihrem Platz liegen. Der nächste in der Runde deckt eine weitere Karte auf und vergleicht, ob er unter den bereits offen liegenden das dazugehörige Gegenstück findet. Ist das der Fall, nimmt er das Pärchen ebenfalls an sich. Ansonsten bleibt die neu gezogene Karte wieder offen auf ihrem Platz liegen. Der nächste Mitspieler verfährt ebenso. Reihum zieht also jeder Mitspieler ein neues Bild, sodass immer mehr Abbildungen sichtbar werden und die Auswahl für die Bildung von Paaren größer wird. Ziel ist es, möglichst viele Paare zu bekommen. Wer zum Schluss die meisten hat, gewinnt.

Für eine kleine Gruppe sind auch die zum Spiel „Auf den Inhalt kommt es an!" (vgl. S. 110) gehörigen Bilder im Anhang geeignet, wenn sie kopiert, ausgeschnitten und auf entsprechende Karten geklebt werden.

Wer hat das Bild?

Schwierigkeitsgrad:	sehr einfach
Spielmaterial:	einfache, gleich große Abbildungen, beispielsweise von Gegenständen, Blumen oder Tieren jeweils in doppelter Ausführung, wie z. B. von einem Memo-Spiel
Gruppengröße:	2–8 Mitspieler

Spielverlauf

Von jedem Paar wird ein Bild verdeckt und geordnet in einem Raster so auf den Tisch gelegt, dass alle Spieler die Karten erreichen können. Die andere Hälfte der Karten wird gleichmäßig an alle Mitspieler verteilt. Jeder legt seine Karten nebeneinander oder im Raster, je nach Menge der Karten, offen vor sich hin. Der erste Spieler deckt eine Karte aus der Mitte auf und vergleicht, ob er dasselbe Motiv unter seinen Karten findet. Ist das der Fall, legt er die gezogene Karte verdeckt auf sein Gegenstück. Hat er das Motiv nicht, werden alle anderen Spieler aufgefordert, nachzusehen, wer das Bild hat. Die Karte wird dann dem Mitspieler überlassen, der sie ebenfalls verdeckt auf sein Gegenstück legt. Dann ist der nächste in der Runde an der Reihe und verfährt ebenso. Wer zuerst alle eigenen Karten verdeckt hat, hat das Spiel gewonnen.

!

Ist es schwierig, die Karten so auszulegen, dass jeder sie erreichen kann, hilft ein großes Tablett, auf dem die Karten verdeckt ausgelegt werden. Es wird dann von einem zum nächsten Spieler weitergeschoben.

Spielvarianten

- Wie oben, nur wird die aufgedeckte, aber für den Spieler, der sie gezogen hat, unbrauchbare Karte nicht allen angeboten, sondern bleibt offen an ihrem Platz liegen. Jeder Spieler kann, wenn er an der Reihe ist, dann zunächst überprüfen, ob er zu einer offen liegenden Karte das Gegenstück hat, und so vielleicht sehr einfach ein Paar ergattern.
- Die eine Hälfte der Karten-Paare wird in einer langen Reihe verdeckt auf den Tisch gelegt. Die andere Hälfte wird gleichmäßig an die Mitspieler verteilt, die die Bilder offen vor sich legen. Ein Spieler dreht eine Karte der verdeckt auf

Wer hat das Bild?

dem Tisch liegenden um, sodass das Motiv sichtbar wird. Das Bild wird allen gezeigt. Nun überprüft jeder, ob er das passende Gegenstück hat. Wer es unter seinen Karten findet, legt es an das andere aufgedeckte Bild in der langen Reihe an. Der nächste in der Runde verfährt genauso. Ziel ist es, als Erster alle Karten loszuwerden.

* Sind die Spieler von den vor ihnen liegenden Bildern zu sehr abgelenkt, wird ein Bild von jedem Paar offen in einer langen Reihe auf den Tisch gelegt. Die übrigen Karten werden in einem Beutel oder Kästchen herumgereicht. Jeder Mitspieler zieht reihum eine Karte und legt sie an das dazugehörende Gegenstück auf dem Tisch an. Ziel des Spiels ist es, als Gruppe alle Paare zu vervollständigen.
* Werden anstelle der doppelten zweigeteilte Bilder eingesetzt, wird das Spiel etwas schwieriger. Die Möglichkeit besteht bei allen dargestellten Varianten.

Für eine kleine Gruppe sind auch die zum Spiel „Auf den Inhalt kommt es an!" (vgl. S. 110) gehörenden Bilder im Anhang geeignet, wenn sie kopiert, ausgeschnitten und auf entsprechende Karten geklebt werden.

Bingo

Schwierigkeitsgrad:	sehr einfach
Spielmaterial:	1 „Bingo"-Spiel, vielleicht kleine Preise für die Gewinner
Gruppengröße:	2–20 Mitspieler
Vorbereitung:	Jeder erhält so viele Chips zum Abdecken wie Zahlen auf der Spielkarte sind. Ein Spielleiter übernimmt einen Beutel oder eine Trommel zum Drehen gefüllt mit den Zahlen sowie die Kontrollliste.

Spielverlauf

Jeder Mitspieler wählt eine Zahlenkarte. Der Spielleiter zieht eine Zahl und teilt diese den Spielern mit. Alle sehen nach, ob sie diese auf ihrer Karte finden. Ist das der Fall, decken sie die Zahl mit einem Chip zu. Der Spielleiter legt die gezogene Zahl auf eine Kontrollliste, sodass er jederzeit einen Überblick darüber hat, welche Zahlen bereits gezogen worden sind. Anschließend zieht er die nächste Zahl. Hat ein Spieler auf seiner Karte alle Zahlen abgedeckt, ruft er „Bingo!" und hat das Spiel gewonnen.

Spielvariante

Um zu gewinnen, reicht eine abgedeckte Längs- oder eine Querreihe.

Ziehen die Senioren die Zahlen reihum selbst, werden diese in dem Beutel herumgereicht. Sind die Zahlenkarten zu umfangreich und überfordern die Senioren, schneidet man sie in der Mitte durch, deckt die Hälfte ab oder erstellt eigene. Für manche Senioren reichen sechs oder acht Zahlen. Fertigt man Karten an, sollte die Schrift groß mit einem guten Kontrast in einer übersichtlichen Tabelle mit angemessen wenig Zahlen sein. So besteht die Chance, dass ansonsten Überforderte doch noch mitspielen.

Steht kein Bingo-Spiel zur Verfügung, können Tischtennisbälle mit den Zahlen „1" bis „70" mit Permanentschreiber nummeriert werden. Die Zahlenkarten werden je nach Leistungsfähigkeit der Senioren mit sechs bis 20 Zahlen von „1" bis „70" beschriftet. Zum Abdecken können Spielchips, Knöpfe oder Pappstückchen benutzt werden.

Das Sockenspiel

Schwierigkeitsgrad:	sehr einfach
Spielmaterial:	verschiedene Socken- oder Strumpfpaare mit unterschiedlichen Musterungen und Funktionen
Gruppengröße:	2–6 Mitspieler
Vorbereitung:	Die Sockenpaare werden geteilt. Die eine Hälfte wird in einen Beutel gegeben, die andere in einem Haufen in die Tischmitte gelegt, sodass alle sie gut erreichen können.

Spielverlauf

Der Beutel mit den Socken und Strümpfen wird herumgegeben. Reihum zieht jeder einen Socken und sucht aus dem Haufen auf dem Tisch den passenden zweiten dazu. Das Paar wird zusammengefügt und der Nächste ist an der Reihe. Dieser zieht wieder einen Socken aus dem Beutel, sucht den zweiten usw., bis alle Paare gefunden sind.

Spielvarianten

- Jeder Mitspieler erhält drei bis vier Einzelsocken, die er vor sich auf den Tisch legt. Ein Beutel mit den entsprechenden Gegenstücken wird herumgegeben. Reihum zieht jeder einen heraus und kontrolliert, ob er den zweiten dazu hat. Wenn dies der Fall ist, fügt er das Paar zusammen. Findet er unter seinen Socken nicht das Gegenstück, werden alle anderen aufgefordert, nachzusehen, wer den passenden hat. Der aus dem Beutel gezogene Socken wird dem entsprechenden Mitspieler überlassen, der dann seinerseits das Paar zusammenlegen kann. Dann ist der nächste an der Reihe und verfährt ebenso. Wer zuerst seine Socken zu Paaren vervollständigen kann, hat das Spiel gewonnen.
- Sind die Spieler von den vor ihnen liegenden Socken zu sehr abgelenkt, wird eine Socke von jedem Paar in einer langen Reihe auf den Tisch gelegt. Die übrigen werden in einem Beutel herumgereicht. Jeder Mitspieler zieht reihum eine Socke und legt sie an das dazugehörige Gegenstück auf dem Tisch an. Ziel des Spiels ist es, als Gruppe alle Paare zu vervollständigen.
- Noch einfacher ist es, wenn alle Socken gut gemischt auf einem Haufen liegen und die Mitspieler diese einfach sortieren.
- Lassen Sie nach Herren-, Damen-, Kindersocken, Verwendungszweck, wie Tennis-, Ski- und Freizeitsocken, oder nach Material sortieren.

Das Sockenspiel

Werfen Sie keine Socken weg. Ausrangierte, unmoderne sind wunderbar geeignet. Für das Spiel brauchen sie nicht schön und nicht alle neu, sondern nur gewaschen zu sein. Je größer die Vielfalt der Socken ist – Socken oder Kniestrümpfe für Damen, Herren, Jungen, Mädchen, Babys, Sport-, Rutsch-, Wellness-, Wollsocken, welche aus Baumwolle, Seide, Kunstfaser, mit Lurex usw. – desto interessanter wird das Spiel. Selbst gestrickte, Einzelsocken, solche mit Loch oder dünner Ferse oder auch ein Paar Handschuhe können das Sortiment gut ergänzen.

Alles bietet viel Gesprächsstoff: Was macht man mit den Löchern oder den ausgeleierten Gummis? Was hat der Handschuh hier zu suchen? Hat den zweiten Strumpf die Waschmaschine gefressen? Welches sind die schönsten Socken? Welche kann man noch zum Putzen der Schuhe benutzen? Was kann man überhaupt mit Socken machen, außer sie anzuziehen?

Wenn ein Sockenpaar gefunden wurde, sollten die einzelnen Socken schön glatt gestrichen, aufeinandergelegt, gerollt und ineinandergezogen werden. Auf diese Weise kann nebenbei für intensive Hand- und Fingerbewegung gesorgt werden.

Wie die Montagsmaler

Schwierigkeitsgrad:	einfach, je nach Begriff
Spielmaterial:	große Papierbögen oder 1 Flipchart, etwas dickere Filzstifte, bei Bedarf mehrere Farben; kleine Zettel mit Begriffen, die zu malen sind, in 1 Schachtel oder 1 Beutel
Gruppengröße:	2–20 Mitspieler
Vorbereitung:	Das Flipchart wird so aufgestellt oder ein größerer Papierbogen so auf den Tisch gelegt, dass alle Mitspieler eine gute Draufsicht haben.

Spielverlauf

Der erste Spieler einer Runde zieht einen Zettel mit einem Begriff, den er zeichnerisch darstellt. Er darf nicht sprechen, nur malen. Die Gruppe versucht, den Begriff zu erraten. Ist sie erfolgreich, kommt der nächste an die Reihe, zieht einen weiteren Zettel und beginnt, zu malen, bis die Gruppe das Wort geraten hat. Das Spiel endet, wenn alle einmal im Einsatz waren oder alle Begriffe abgearbeitet sind.

Vor Beginn des Spiels können die Begriffe, die gemalt werden sollen, in Kleingruppen vorbereitend gemeinsam gesammelt und auf kleine Zettel geschrieben werden. Insbesondere für ungeübte Gruppen ist es wichtig, dass Begriffe zum Einsatz kommen, die sich einfach und eindeutig zeichnen lassen. Die Mitspieler sollten daran denken, dass sie sich nur Dinge überlegen, die sie selbst zeichnen können. Die Ergebnisse der Kleingruppen werden verglichen und Mehrfachnennungen aussortiert. Anschließend werden alle Zettel so gefaltet, dass die Beschriftung nicht zu sehen ist, gut gemischt und in eine Schachtel oder einen Beutel gegeben.

Spielvarianten

* Ein Wettspiel entsteht, wenn derjenige, der den Begriff geraten hat, den nächsten Begriff zieht und malt. Die Maler sammeln die Zettel mit den erfolgreich geratenen Begriffen. Wer am Ende die meisten Zettel gesammelt hat, gewinnt das Spiel.

Wie die Montagsmaler

* Es werden zwei Gruppen gebildet, die gegeneinander spielen: Eine malt und eine rät. In diesem Fall wird eine Zeit – z. B. drei Minuten – vorgegeben, die von einem Spielleiter gestoppt wird. Diese Zeit steht der malenden Gruppe zur Verfügung, um möglichst viele Begriffe zu zeichnen und von der anderen Gruppe raten zu lassen. Das Zeichnen kann während der gesamten Runde von einem Mitspieler übernommen werden. Ein zweiter Spieler aus der Malgruppe kann jeweils die Begriffe ziehen und dem Maler anreichen. Alle Zettel mit geratenen Begriffen werden von der Gruppe gesammelt. Wird ein Begriff nicht erraten oder dauert es zu lange, verfällt er. Der Zettel wird zur Seite gelegt. Ist die vereinbarte Zeit um, werden die Rollen getauscht, d. h., die Maler müssen jetzt raten und die anderen übernehmen das Malen. In der neuen Runde übernimmt ein anderer Mitspieler als zuvor das Malen sowie ein weiterer das Ziehen der Begriffe. Gewonnen hat die Gruppe, die die meisten Zettel sammeln konnte.

Spielvarianten für echte Maler

* Anstelle einfacher Begriffe werden bildhafte Sprichwörter gesammelt und eingesetzt. Da deren Visualisierung sehr viel komplexer ist, sollte die komplette Sammlung dem Maler zur freien Auswahl angeboten werden. Hat er seine Wahl getroffen, beginnt er, zu zeichnen, und lässt die Gruppe raten.
* Jeder Mitspieler erhält Papier und Stift sucht sich aus allen gesammelten Zetteln ein Sprichwort aus und versucht, dieses zu malen. Sind alle fertig, werden die Werke der Gruppe präsentiert, die dann wiederum versucht, das jeweils dargestellte Sprichwort zu erraten. Dies kann in einer kleineren Gruppe durch einfaches Herumreichen und Diskutieren erfolgen. Eine große Gruppe sollte in Kleingruppen eingeteilt werden, die dann abwechselnd über die Darstellungen beraten und die gefundenen Sprichwörter notieren.
* Auch Redewendungen oder Lieder können eingesetzt werden.

Es lohnt sich, die Zettel mit den gesammelten Begriffen, Sprichwörtern, Redewendungen oder Liedern gut aufzuheben und nach und nach noch weiter zu ergänzen. So haben Sie ein fertiges Spiel, das bei Bedarf ohne viel Aufwand jederzeit zur Verfügung steht.

Scharade oder Pantomime

Schwierigkeitsgrad: einfach, je nach Begriff
Spielmaterial: keines
Gruppengröße: 2–20 Mitspieler

Spielverlauf

Die Gruppe sitzt im Stuhlkreis, sodass alle sich gegenseitig gut sehen können. Es wird ein Thema, beispielsweise Haushalt, vorgegeben, zu dem beliebige Begriffe pantomimisch dargestellt und erraten werden sollen. Reihum überlegt sich jeder Mitspieler einen Begriff, z. B. Bügeln, Kochen oder Wischen, und stellt diesen nur durch Bewegung und mimischen oder körperlichen Ausdruck dar. Der Spieler darf dabei nicht sprechen oder Laute abgeben. Auch andere Hilfsmittel jeglicher Art sind nicht erlaubt. Hat die Gruppe den Begriff erraten, ist der Nächste dran, bis alle einmal an der Reihe waren.

Beispiele für mögliche Themen: Tätigkeiten in der Küche, Hausputz, Hobbys, Instrumente, Gartenarbeit, Tiere (dabei sollten Geräusche erlaubt sein!), konkrete Berufsbilder, wie Schneiderin, Fortbewegungsmöglichkeiten ...

Spielvarianten

- Ein Wettspiel entsteht, wenn derjenige, der den Begriff geraten hat, den nächsten Begriff pantomimisch darstellt. Ein Spielleiter protokolliert, wer wie viele erfolgreiche Darstellungen geboten hat. Wer am Ende die größte Anzahl erreicht, kann zum besten Schauspieler gekürt werden.
- Es werden zwei Gruppen gebildet, die gegeneinander spielen: eine darstellende und eine ratende. Zusätzlich wird ein Spielleiter bestimmt. Außerdem wird eine Zeit für die einzelnen Spielrunden – zwei oder drei Minuten – vorgegeben, die vom Spielleiter gestoppt wird. Diese Zeit steht der darstellenden Gruppe zur Verfügung, um möglichst viele spontan überlegte, beliebige oder thematisch vorgegebene Begriffe erraten zu lassen. Das pantomimische Darstellen sollte während der gesamten Spielrunde von den Mitspielern der jeweils spielenden Gruppe, die sich die Begriffe spontan überlegen muss, abwechselnd übernom-

Scharade oder Pantomime

men werden. Wird ein Begriff nicht erraten oder dauert es zu lange, verfällt er. Ist die vereinbarte Zeit um, werden die Rollen getauscht und die bisher darstellende Gruppe muss nun raten und die anderen pantomimisch aktiv werden. Während des gesamten Spiels protokolliert der Spielleiter die Anzahl der erfolgreich erratenen Wörter. Gewonnen hat die Gruppe, die die meisten Begriffe erraten konnte.

* Es werden zunächst vorbereitend Begriffe, die pantomimisch gut darzustellen sind, in Kleingruppen gemeinsam gesucht und auf kleine Zettel geschrieben. Die Ergebnisse der Kleingruppen werden miteinander verglichen und Mehrfachnennungen aussortiert. Die Zettel werden gefaltet, damit die Beschriftung nicht zu sehen ist, gut gemischt und in eine Schachtel oder einen Beutel gegeben. Anschließend werden zwei Spielgruppen gebildet, die wie in der vorherigen Variante gegeneinander spielen: Die eine stellt dar, die andere rät. Eine Zeit von zwei oder drei Minuten für jede Spielrunde wird vorgegeben, die von einem Spielleiter oder jemandem aus der ratenden Gruppe gestoppt wird. Diese Zeit steht der schauspielerisch aktiven Gruppe zur Verfügung, um möglichst viele Begriffe erraten zu lassen. Das Darstellen kann während der gesamten Runde von ein und demselben Mitspieler übernommen werden oder reihum gehen. Ein zweiter Spieler aus dieser Gruppe kann die Begriffe ziehen und dem Darstellenden anreichen. Oder – wenn es reihum geht – werden die Zettel in einem Säckchen oder einer Schale herumgereicht und derjenige, der an der Reihe ist, zieht einen. Die Zettel mit den geratenen Begriffen werden von der Gruppe gesammelt. Wird ein Begriff nicht erraten oder dauert es zu lange, ihn darzustellen, verfällt er. Der Zettel wird zur Seite gelegt. Ist die vereinbarte Zeit um, kommt die andere Gruppe an die Reihe. In der jeweils nächsten Runde stellt ein anderer Mitspieler der Gruppe den Begriff dar und ein weiterer zieht die Begriffe. Gewonnen hat die Gruppe, die die meisten Zettel sammeln konnte.

Drei in Eins

Schwierigkeitsgrad: mittel
Spielmaterial: Karteikarten DIN A7, 1 Blanko-Würfel, Papier und 3 Stifte, je nach Gruppengröße 1 Flipchart oder 1 Tafel
Gruppengröße: 2–20 Mitspieler
Vorbereitung: Beschriften Sie einen Blanko-Würfel auf jeweils zwei gegenüberliegenden Seiten mit folgenden Aufforderungen: „Erklären", „Malen" und „Pantomime".

Spielverlauf

Das Spiel verläuft in zwei Phasen. Zunächst werden drei Kleingruppen gebildet, deren Aufgabe es ist, Begriffe zu suchen. Die erste Gruppe sammelt etwa 20 Bezeichnungen für Dinge, die sich verbal erklären, die zweite Gruppe 20 Namen für Dinge, die sich gut zeichnen lassen, und die dritte 20 Begriffe, die sich pantomimisch darstellen lassen: Die Wörter werden jeweils einzeln deutlich auf eine Karteikarte geschrieben. Ist die Suche erfolgreich beendet, kann das eigentliche Spiel beginnen. Alle Spieler sitzen so, dass sie sich gegenseitig sehen können. Die beschrifteten Karten liegen, nach Kategorien sortiert, in drei Stapeln verdeckt auf dem Tisch. Ein Spieler in der Runde würfelt einmal und erfährt dadurch, ob er ein Wort umschreiben, malen oder pantomimisch darstellen soll. Anschließend zieht er vom entsprechenden Stapel eine Karte, deren Aufschrift nur er lesen darf. Soll das Wort erklärt werden, umschreibt er es für die Mitspieler mit eigenen Worten, ohne den Begriff selbst zu benutzen. Für eine Zeichnung erhält er Stift und Papier und die Pantomime setzt er ohne Hilfsmittel nur durch Bewegung und Körpersprache um. Die Aufgabe der Gruppe ist es, den Begriff zu erraten. Derjenige, dem das gelingt, erhält die Karte. Dann ist der Nächste an der Reihe. Er würfelt, zieht anschließend eine entsprechende Karte, erledigt die Aufgabe und übergibt dem, der richtig rät, die Karte. Gewinner ist, wer am Schluss die meisten Karten sammeln konnte.

Es lohnt sich, die Karten gut aufzuheben und evtl. nach und nach weiter zu ergänzen. So haben Sie ein fertiges Spiel, das bei Bedarf ohne viel Aufwand jederzeit zur Verfügung steht.

Stehrümchen

Schwierigkeitsgrad:	einfach
Spielmaterial:	die doppelte bis 3-fache Menge an Stehrümchen – also Gegenständen, die zu Hause herumstehen, nicht gebraucht, aber auch nicht weggeworfen werden – wie es Mitspieler gibt, 1 Würfel
Gruppengröße:	4–12 Mitspieler
Vorbereitung:	Verpacken Sie die Gewinne in Zeitungspapier, evtl. einige in Geschenkpapier, einzelne nur mit Geschenkband.

Spielverlauf

Die Gruppe sitzt um einen Tisch. Die Gewinne liegen auf einem Stapel in der Tischmitte. Reihum wird gewürfelt und nach folgenden Regeln verfahren:

⚀ = es darf noch einmal gewürfelt werden

⚁ = einmal aussetzen und den Würfel nach links weitergeben

⚂ = ein Päckchen aus der Mitte auswählen und vor sich hinlegen; liegen in der Mitte keine Gewinne mehr, darf von einem der Mitspieler ein beliebiges ausgewählt und genommen werden

⚃ = eines der Päckchen, die der Spieler bereits ergattert und vor sich liegen hat, muss an den rechten Nachbarn abgegeben werden

⚄ = eines der Päckchen, die der Spieler bereits ergattert und vor sich liegen hat, muss an den linken Nachbarn abgegeben werden

⚅ = eines der Päckchen, die der Spieler vor sich liegen hat, darf ausgepackt werden, bleibt dann jedoch wie die anderen im Spiel

Sollte das Spiel zunächst nicht in Schwung kommen, weil zu selten eine Drei gewürfelt wird, kann die Gruppe beschließen, dass auch bei einer Sechs ein Geschenk genommen werden darf, bis die Mitte abgeräumt ist. Danach gilt für die Sechs in jedem Fall die Regel wie oben beschrieben. Die Gruppe entscheidet, wann das Spiel beendet ist.

Themenorientierte, selbst gestaltete Spiele

Schwierigkeitsgrad:	mittel, abhängig von der Gestaltung der Aufgaben
Spielmaterial:	Karteikarten DIN A6, 1 Filzstift, Papier zum Zeichnen, Bilder (beispielsweise eine oder mehrere Weihnachtskarten) und Gegenstände zum Thema (beispielsweise Geschenkschachtel mit einem Geschenk, wie 1 Stück Seife oder 1 Tafel Schokolade, die anschließend gemeinsam aufgegessen wird, 1 Nikolaussack, gefüllt mit Gegenständen mit einem Bezug zu Weihnachten), 1 Spielfigur, 1 Würfel
Gruppengröße:	2–12 Mitspieler
Vorbereitung:	Beschriften Sie die Karteikarten mit beliebig vielen, geeigneten Spielaufgaben und legen Sie das zusätzliche Spielmaterial bereit.

Spielverlauf

Die Mitspieler sitzen im Kreis. Die beschrifteten Karten werden gut gemischt und offen in einem großen Kreis auf den Tisch oder den Fußboden gelegt. Die Spielfigur – beispielsweise ein Engel, Schaf oder Weihnachtsmann – wird auf die Startkarte gestellt. Der erste Spieler würfelt z. B. eine Drei und zieht die Spielfigur entsprechend drei Karten weiter. Die Aufgabe auf dieser Karte wird laut vorgelesen und anschließend unter Beteiligung der ganzen Gruppe gelöst. Nach Möglichkeit sollte jedes Gruppenmitglied an der Bearbeitung der Aufgabe beteiligt sein. Ist das erledigt, würfelt der nächste. Immer wenn eine Aufgabe fertig bearbeitet ist, wird die Karte umgedreht und verdeckt wieder an ihren Platz gelegt. Kommt die Spielfigur wieder bei Start an, wird weitergewürfelt und sie in die nächste Runde geschickt, falls noch Karten offen liegen. Es werden so lange Runden gespielt, bis alle Aufgaben erledigt sind.

<u>Aufgabenbeispiele zum Thema „Weihnachten“</u>

1. Start
2. Wenn Sie „Weihnachten“ hören, was fällt Ihnen als Erstes ein?
3. Suchen Sie Wörter, in denen „Weihnachten“ vorkommt: Weihnachtsfest, -menü ...
4. Nennen Sie Personen, die mit Weihnachten oder der Geburt Christi zu tun haben.
5. Welche Tiere spielten im Zusammenhang mit der Geburt Christi eine Rolle?

Themenorientierte, selbst gestaltete Spiele

6. Nennen Sie möglichst viele Weihnachtslieder.
7. Summen Sie den Beginn eines Weihnachtsliedes, das die Gruppe anschließend singt.
8. Zeichnen Sie weihnachtliche Symbole, die die Gruppe errät.
9. Welcher Weihnachtsbrauch gefällt Ihnen am besten?
10. Was kann man als Schmuck an den Weihnachtsbaum hängen? Nennen Sie zehn Gegenstände, die alle mit einem anderen Buchstaben beginnen.
11. Legen Sie ein oder mehrere Weihnachtspuzzles (z. B. eine oder mehrere in vier, sechs oder acht Teile zerschnittene Weihnachtskarten).
12. Was schenken Sie wem? Überlegen Sie sich verschiedene Personen und suchen Sie das Geschenk passend zum Anfangsbuchstaben! (z. B. Tochter – Tortenheber, Sohn – Schlips und Socken, Bruder – Badesalz, Egon – Elektrorasierer, Paula – Parfüm)
13. Was wünschen Sie sich – von A bis Z?
14. Nehmen Sie den Nikolaussack und versuchen Sie, einen Gegenstand darin nur durch Fühlen zu erkennen. Verraten Sie der Gruppe nicht, was Sie gefunden haben, sondern umschreiben Sie ihn und lassen Sie die Gruppe raten.
15. Was gibt es Weihnachten zu essen und zu trinken? Stellen Sie ein komplettes Menü zusammen und jeder Gang beginnt mit dem Buchstaben K.
16. Wie viele Weihnachtsplätzchen-Sorten fallen Ihnen ein?
17. Stellen Sie eine typische Tätigkeit aus der Weihnachtszeit pantomimisch dar und lassen Sie die Gruppe erraten, was Sie tun.
18. Nennen Sie nur die zweite oder dritte Zeile aus einem Weihnachtslied, das die Gruppe erraten und dann singen soll.
19. Kennen Sie oder kennt ein anderes Gruppenmitglied ein Weihnachtsgedicht? Können Sie es aufsagen?
20. Was war am 24. Dezember 1971 los? (Es war Heiligabend.)
21. Welche Gewürze kommen in der Weihnachtszeit bevorzugt zum Einsatz?
22. Fühlen Sie in der Geschenkschachtel, ohne hineinzugucken, und versuchen Sie so, zu erkennen, was darin liegt. Wem würden Sie das schenken?
23. Was kann man auf dem Weihnachtsmarkt riechen?
24. Was kann man auf einer Weihnachtsfeier hören?
25. Machen Sie eine Bewegungsübung, die Ihnen gerade guttut und die alle Gruppenmitglieder nachahmen.

Themenorientierte, selbst gestaltete Spiele

26. Gehen Sie drei Felder vor.
27. Gehen Sie zwei Felder vor.
28. Gehen Sie ein Feld zurück.
29. Gehen Sie zwei Felder zurück.
30. Setzen Sie einmal aus.

Ein solches Würfelspiel kann zu vielen Themen gestaltet werden: Reisen, Märchen, Musik, Berufe, Tiere im Zoo ... Wichtig ist, sehr unterschiedliche Aufgabenstellungen zu finden, die Erinnern, Denken, Bewegen, Singen, Fantasie, Ansprechen der Sinne und Spaß ermöglichen. Aufgaben mit konkret gegenständlichen Dingen, wie Fühlsäcken, Geschmacks- oder Riechproben, Bildern oder Figuren, themenbezogenen Gegenständen, machen es oft interessanter. Eine Aufgabe, wie 18. „Nennen Sie nur die zweite oder dritte Zeile aus einem Weihnachtslied, das die Gruppe erraten und dann singen soll.", könnte sich durchaus wiederholen und auf mehreren Karten stehen, wenn der Schwerpunkt des Spiels auf dem Singen liegen soll. Die Menge der Aufgaben und deren Schwierigkeitsgrad sollte der Gruppe unbedingt angepasst werden.

Beim Spiel mit **Senioren mit Demenz** *sollten die Aufgaben sehr einfach gestaltet sein. Außerdem kann es ausreichen, wenn insgesamt immer nur eine Antwort gefunden wird. Bei anderen Gruppen kann Wert darauf gelegt werden, dass jeder zu Wort kommt und eine eigene Idee beiträgt. Die Weihnachtspuzzles sollten ggf. nur zweiteilig sein (vgl. „Puzzeln mit geteilten Bildern", S. 56).*

Sprüche klopfen

Schwierigkeitsgrad:	sehr einfach
Spielmaterial:	Karten mit bekannten Sprichwörtern; stehen keine zur Verfügung, können Sie kleine Karteikarten selbst beschriften. Eine Sammlung bekannter Sprichwörter befindet sich im Anhang auf S. 185.
Gruppengröße:	2–20 Mitspieler

Spielverlauf

Die Mitspieler sitzen um einen Tisch, in dessen Mitte verdeckt ein Stapel mit Spruchkarten liegt. Reihum zieht jeder eine Karte und liest den halben Spruch, also nur den Anfang, vor. Die Gruppe ergänzt, indem sie das Sprichwort beendet. Anschließend kann der Spruch auf seinen Inhalt und seine Bedeutung untersucht und diskutiert werden. Stimmen diese alten Lebensweisheiten heute überhaupt noch?

Spielvarianten

- Ein bisschen schwieriger wird es, wenn nicht der Anfang, sondern das Ende des Sprichwortes vorgelesen wird und die Gruppe den Anfang finden muss.
- Wiederum schwieriger wird es, wenn nur ein Stichwort genannt wird, z. B. Taube, Baum, Hand, Gold. Zu den Stichworten gibt es teilweise verschiedene Sprichwörter. Lassen Sie alle suchen.
- Ein Wort wird verändert. Die Gruppe soll es richtigstellen, z. B.:
  - Die Katze lässt das Krähen *(Mausen)* nicht.
  - Die Ananas *(der Apfel)* fällt nicht weit vom Stamm.
  - Wenn die Mutter *(Katze)* aus dem Haus ist, tanzen die Kinder *(Mäuse)* auf dem Tisch.

  In fitten Gruppen können zunächst in Kleingruppen Beispiele gesammelt und dann der großen Gruppe präsentiert werden. Ansonsten liegt die Vorbereitung beim Spielleiter.
- Oder es wird der Anfang eines Sprichwortes mit einem „falschen" Ende kombiniert, wie z. B.: Aller Anfang – ist kein Sonntag, Den Glücklichen – beißen die Hunde, Den Letzten – ersetzt der Zimmermann, Auf jeden Topf – ein sanftes Ruhekissen. Die Frage ist: Wie heißen beide Sprüche richtig? Die Vorbereitung der Kombinationen ist wie bei der vorherigen Variante zu handhaben.

Sprüche klopfen

- **Ganz schwer** wird es, wenn die Sprichwörter nicht vorgelesen, sondern bildlich oder pantomimisch dargestellt werden. Dabei sollte am besten für jeden Spieler eine Wahl zwischen beiden Möglichkeiten bestehen.
- Es werden anstelle der Sprüche **Lieder** mit ihren ersten und zweiten Zeilen eingesetzt (vgl. Anhang, S. 192 ff.).

> *Fertigt man kleine Spruchkarten an, auf denen jeweils nur ein halbes Sprichwort steht, also Anfang oder Ende, ist das Risiko, versehentlich doch den ganzen Spruch zu lesen, ausgeschlossen. Zudem eröffnet eine solche Gestaltung noch weitere Einsatzmöglichkeiten.*

- Mit geteilten Spruchkarten kann auch nach der Regel des Spiels „Wer hat das Bild?“ (vgl. S. 59) oder wie beim Spiel „Spielen mit Memo-Karten nach vereinfachten Regeln“ (vgl. S. 58) gespielt werden.
- Eine schöne Variante, auch für die eigenständige Beschäftigung einer einzelnen Person oder einer kleinen Gruppe, ist, alle Spruchhälften, gut miteinander vermischt und offen, in der Tischmitte auszulegen. Die Teilnehmer versuchen gemeinsam, nach und nach die zusammengehörenden Teile wieder zusammenzufügen.

Erinnerungskisten

Schwierigkeitsgrad:	sehr einfach
Spielmaterial:	mehr kleine Gegenstände oder Bilder als Mitspieler in einer Kiste, einem Koffer oder Korb, mit einem Tuch verdeckt
Gruppengröße:	2–20 Mitspieler

Spielverlauf

Die Gruppe sitzt im Stuhlkreis, in dessen Mitte die geschlossene Erinnerungskiste steht, bestückt mit vielen verschiedenen Dingen, die dazu geeignet sind, Erinnerungen zu wecken. Zunächst kann die Gruppe gemeinsam überlegen, was darin liegen könnte. Hat möglichst jeder Mitspieler eine Meinung abgegeben, wird das Geheimnis gelüftet. Ein Spielleiter öffnet die Kiste, sodass alle einen Blick auf den gesamten Inhalt werfen und versuchen, einen Oberbegriff für die Gegenstände bzw. das Thema zu finden. Ist das erfolgreich gelungen, werden alle Gruppenmitglieder aufgefordert, sich einen Gegenstand aus der Kiste auszusuchen und zu nehmen. Wenn jeder seine Wahl getroffen hat, stellt reihum jedes Gruppenmitglied seinen Gegenstand vor, erklärt ihn und erzählt vielleicht damit verbundene Erinnerungen oder erklärt, warum er diesen Gegenstand gewählt hat. Anschließend können die anderen Gruppenmitglieder ihre Ansichten und Erfahrungen mitteilen. Hat die Gruppe sich ausreichend ausgetauscht, ist der Nächste an der Reihe. Das Spiel endet, wenn alle Beteiligten ihre Dinge vorgestellt haben und der Diskussionsbedarf erschöpft ist.

Themenvorschläge und Materialien

* Haushalt, Nähkorb, Märchen, Urlaub, Reisen, Berufe, Garten, Freizeit, Spiele, Badevergnügen, Zoobesuch, Bauernhof, Turnstunde, Feste feiern, Musik, Schule, Mode, Handarbeit, Heimwerken, Marktbesuch ...
* möglichst konkrete Gegenstände – manche davon am besten in einer durchsichtigen Tüte oder einem Schraubglas, das zum Fühlen geöffnet werden darf – wie Nähgarnrolle, Lockenwickler, Quirl oder Schneebesen, Hammer, Zange, Fernglas, Landkarte, Kleidungsstücke, aber auch Getreideähren, Samenkörner, Blumenzwiebeln, Heu, Erde, Fell, Federn, ein Stück Holz aus dem Wald, Herbstblätter, Bilder, Liederbücher, Musik auf CDs, evtl. Texte – eben alles, was der Erinnerung hilft, aber nicht schmiert, unangenehm oder gefährlich (zu spitz, scharf) sein könnte.

Erinnerungskisten

Verschiedene Dinge lassen sich besonders sinnlich wahrnehmen und sollten deshalb einmal herumgereicht werden. So sind vielleicht ein Hammer oder ein altes Bügeleisen besonders schwer. Heu und Erde riechen. Ein seidiges Kleidungsstück oder ein wolliger Pullover sind besonders weich. Solche Empfindungen sollten allen ermöglicht werden, um die Wahrnehmung, aber auch die Erinnerung zu unterstützen.

Spielvariante

Je nach Thema lassen sich Dinge finden, von denen immer zwei zusammengehören, z. B. zu folgenden Themen:

- **Körperpflege:** Waschlappen – Seife, Kamm – Lockenwickler, Zahncreme – Zahnputzbecher
- **Berufe:** Schraube – Mutter, Stift – linierte Karteikarten, Nähgarn – Zentimetermaß, ein Stück Tapete – Pinsel
- **Hobbys:** Fernglas – Wanderkarte, Würfel – Würfelbecher, Stickgarn – ein Stück Stramin
- **Dinge, die aus gleichem Material bestehen:** Holzlöffel – Brettchen, Plastiklöffel – Plastikbecher, Suppenlöffel – Schraube, Lederhandschuh – Gürtel

Sind alle Erfahrungen ausgetauscht, können die Zusammenhänge zwischen den Dingen hergestellt und diese entsprechend sortiert werden.
Ergänzend könnte überlegt werden, was zu den einzelnen Paaren noch passt, dazugehört oder aus dem gleichen Material ist.

Denk- und Konzentrationsspiele

Stadt-Land-Fluss

Schwierigkeitsgrad: einfach
Spielmaterial: Stift und Papier für jeden Mitspieler
Gruppengröße: 2–12 Mitspieler

Spielverlauf

Jeder Mitspieler zeichnet nach Möglichkeit eine eigene Tabelle mit sieben Spalten auf sein Blatt. Über jede Spalte wird die entsprechende Suchkategorie eingetragen: Stadt, Land, Fluss/Gewässer, Name, Tier, Pflanze, Beruf. Hat jeder seine Tabelle fertiggestellt, geht es auch schon los mit der Suche nach dem Buchstaben, mit dem die Begriffe in den verschiedenen Kategorien beginnen sollen. Ein Mitspieler beginnt, das ABC aufzusagen, allerdings sagt er nur das A laut und alle anderen Buchstaben still für sich. Sein rechter Nachbar stoppt ihn an beliebiger Stelle. Der erste Spieler teilt der Gruppe mit, bei welchem Buchstaben er unterbrochen wurde. Damit steht der Anfangsbuchstabe für die erste Spielrunde fest und alle beginnen, sofort eine Stadt, ein Land, einen Fluss oder ein anderes Gewässer usw. mit diesem Anfangsbuchstaben zu suchen und in ihre Tabelle einzutragen. Sind alle Begriffe gefunden oder fällt den Spielern nichts mehr ein, werden die Ergebnisse verglichen, ein neuer Anfangsbuchstabe wird gesucht und es geht wieder von Neuem los.

Um aufkommendem Stress entgegenzuwirken, wird auf Zeitdruck, wie er beim Wettspiel entsteht, und die abschließende Punktewertung verzichtet, es sei denn, die Gruppe wünscht den Wettkampf.

Spielvarianten

* Sind die üblichen Kategorien zu einfach oder zu langweilig geworden, können andere eingeführt werden: Städte im Ausland, Tiere auf dem Bauernhof/im Zoo/im Wasser/in der Luft, Automarken, Werkzeuge, Spielzeug, Märchenfiguren, Dinge auf dem Weihnachtsmarkt, Angebote im Drogeriemarkt, Fahrzeuge, Prominente, Reiseziele, Essbares, Getränke, Obst, Gemüse, Blumen, Gegenstände aus Metall, aus Plastik, Flüssiges ...

Stadt-Land-Fluss

- Ist die oben beschriebene Form der Buchstabenwahl aufgrund kognitiver Einschränkungen nicht mehr möglich, können Buchstaben oder Buchstabenkärtchen in einen Beutel gegeben und für die Auswahl angeboten werden. Der Spieler, der an der Reihe ist, zieht einen Buchstaben und gibt ihn der Gruppe bekannt.
- Viele Senioren kennen das Spiel und spielen es gern, auch **Menschen mit Demenz**. Sollte die beschriebene Spielweise die Gruppenmitglieder überfordern, werden die einzelnen Begriffe gemeinsam mit der gesamten Gruppe überlegt. Jeder, der noch über die Fähigkeit, zu schreiben, verfügt, trägt dann den Begriff in seine Liste ein. Ist diese nicht mehr gegeben, wird von einem Spielleiter eine gemeinsame Liste auf einem großen Papierbogen ausgefüllt. Zum Schluss kann die Gruppe oft staunen, was sie alles noch weiß.

Stadt	Land	Fluss/ Gewässer	Name	Tier	Pflanze	Beruf
Aachen	Australien	Aller	Anton	Amsel	Apfelbaum	Arzt
Bonn	Belgien	Bug	Berta	Bär	Birke	Bäcker

ABC-Wörtersuche

Schwierigkeitsgrad:	einfach
Spielmaterial:	Stift und Papier für jeden Mitspieler
Gruppengröße:	2–12 Mitspieler

Spielverlauf

Vorbereitend schreibt jeder Spieler am linken Rand senkrecht untereinander das Alphabet auf sein Blatt. Die Gruppe ist nun aufgefordert, zu einem Obergriff, wie „Tiere", Unterbegriffe mit jedem Buchstaben des Alphabets zu suchen: Affe, Bär, Chamäleon, Dachs ... Werden beispielsweise weibliche Vornamen gesucht, könnte folgende Liste entstehen: Anna, Bärbel, Christa, Doris, Erika, Frieda, Gertrud usw. Wer findet Wörter mit wirklich jedem Buchstaben? Haben alle ihre Suche beendet, werden die Ergebnisse verglichen.

Methodisch lässt sich die Übung gut einbinden, wenn bestimme Themen behandelt werden. Geht es beispielsweise um das Thema Reisen, können Traumziele gesammelt werden. Oder zum Thema Hobbys Lieblingsbeschäftigungen: Ausschlafen, Bowlen, Cabrio fahren, Doppelkopf spielen ...

Die Aufgabe kann auch reihum in der Gruppe mündlich, in Partner- oder Kleingruppen bearbeitet werden.

In einer Gruppe von Menschen mit Demenz, die nicht mehr über die Fähigkeit, zu schreiben, verfügen, bietet es sich an, auf Zuruf die Begriffe zu sammeln oder gemeinsam eine Liste als Gruppenarbeit zu erstellen.

Anstelle der Alphabet-Liste können auch Buchstaben oder Buchstabenkärtchen in einen Beutel gelegt und herumgereicht werden. Reihum zieht jeder Mitspieler einen Buchstaben aus dem Beutel und nennt – bei Bedarf mithilfe der Gruppe – einen Begriff mit diesem als Anfangsbuchstaben. Auf diese Weise wird auch zu jedem Buchstaben ein Begriff gesucht, nur nicht in der Reihenfolge des Alphabets.

ABC-Wörtersuche

Spielvarianten

- Andere Kategorien für Suchbegriffe sind z. B. kleine Tiere, wilde Tiere, Werkzeug, Spielzeug, Märchenfiguren, Wochenmarkt, Angebote im Supermarkt, Fahrzeuge, Prominente aus Film und Fernsehen, Weihnachtsmarkt, im Zoo, auf der Kirmes ...
- Wir binden einen Blumenstrauß mit Blumen von A–Z.
- Wir bepflanzen ein Beet oder den Gemüsegarten mit Pflanzen von A–Z.
- Wir kochen eine Gemüsesuppe mit Zutaten von A–Z.
- Wir kaufen im Kaufhaus/im Drogeriemarkt/auf dem Flohmarkt oder im Baumarkt Waren von A–Z ein.
- Was gibt es zu sehen: in der Stadt, im Theater oder Kino, im Museum, im botanischen Garten, auf dem Bahnhof, im Kinderzimmer?
- Wir packen den Koffer von A–Z.
- Als gemeinsame Gruppenaufgabe: Wir reisen an Orte von A–Z. Wie sollte die Route sinnvollerweise verlaufen? Ein Atlas kann hilfreich sein.

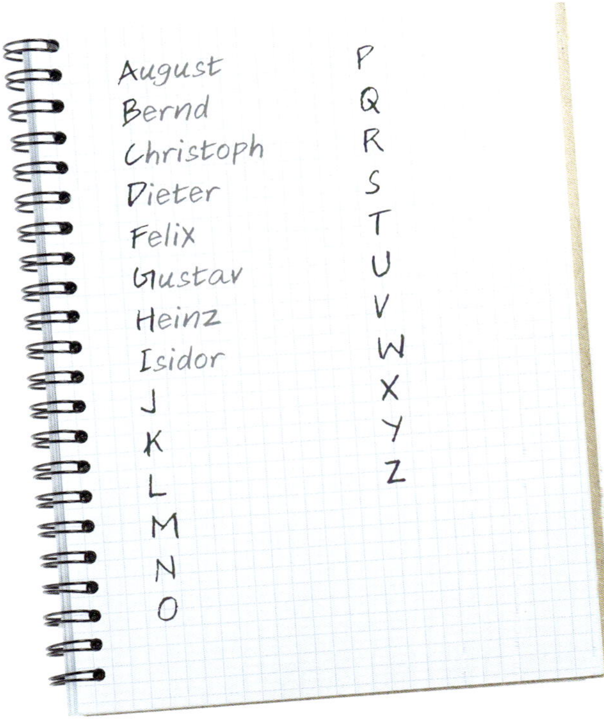

Wer kennt sich aus?

Schwierigkeitsgrad: einfach
Spielmaterial: Stift und Papier für jeden Mitspieler, beispielhaftes Anschauungsmaterial
Gruppengröße: 2–12 Mitspieler

Spielverlauf

Die Gruppenmitglieder sitzen um einen Tisch herum, in dessen Mitte als Anschauungsmaterial z.B. verschiedene Knöpfe liegen. Welche Knöpfe sind zu sehen? Hosen-, Hemd-, Wäsche-, Druck-, Knebel-, Horn- oder Metallknöpfe? Die Spieler überlegen einzeln, zu zweit oder in Kleingruppen, welche Knöpfe es gibt, und notieren diese. Dabei ergeben sich Unterscheidungsmerkmale nach Verwendungszweck, Form und Material oder es werden auch außergewöhnliche Knöpfe gefunden, wie der Klingelknopf. Ist die Suche beendet, werden die Ergebnisse verglichen.

Beispiele für andere Suchbegriffe

- **Papiere:** Geschenk-, Zeitungs-, Schmirgel-, Filter, Seiden-, Krepp-, Foto-, Zigaretten-, Butterbrotpapier ...
- **Bänder:** Schleifen-, Stoß-, Schräg-, Schuh-, Gardinen-, Farb- (früher an der Schreibmaschine), Gummiband ...
- **Löffel:** Suppen-, Tee-, Zucker-, Schaum-, Schuh-, Gemüse-, Kartoffel-, Eier-, Holz-, Plastiklöffel ...
- **Schlüssel:** Haus-, Auto-, Fahrrad-, Keller-, Garagen-, Schrank-, Safe-, Schrauben-, Sicherheitsschlüssel, Dietrich ...
- **Teesorten:** Kamillen-, Schwarz-, Grün-, Hagebutten-, Pfefferminz-, Früchte-, Thymian-, Kräutertee ...
- **Weitere Themen:** Schuhe, Frisuren, Druckerzeugnisse, Stoffe, Möbel, Kleidungsstücke, Bauwerke, Behälter, Getränke, Gebackenes ...

Nicht immer muss zwangsläufig der Oberbegriff im Wort selbst enthalten sein. Bei „Papier" gilt beispielsweise auch das Pergament, bei „Schuhen" der Stiefel und die Sandale, bei „Stoffen" Samt und Stramin. Bei „Frisuren" und „Druckerzeugnissen" trifft dies im Grunde durchgängig zu.

Wer kennt sich aus?

Spielvarianten

* Als Wettspiel lässt sich die Übung gestalten, wenn z. B. Kleingruppen mit einer zuvor vereinbarten Zeitvorgabe um die Wette suchen. Die Gruppe, die die meisten Begriffe gefunden hat, gewinnt.
* Als Einstieg werden die Anschauungsmaterialien nicht offen präsentiert, sondern im Rahmen einer vorgeschalteten Wahrnehmungsübung, z. B. in einem Fühlsack, zum Erkennen durch Fühlen angeboten.

In einer Gruppe von Menschen mit Demenz bietet es sich an, auf Zuruf die Begriffe zu sammeln oder gemeinsam eine Liste in Gruppenarbeit zu erstellen und anschließend mit Stolz festzustellen, was alles gewusst wird.

© an.ma.rie/photocase.com

Wörter finden

Schwierigkeitsgrad: einfach
Spielmaterial: keines
Gruppengröße: 2–12 Mitspieler

Spielverlauf

Die Mitspieler sitzen im Kreis zusammen und suchen nach Begriffen, die ein anderes, vorgegebenes Wort als festen Bestandteil enthalten, wie z. B. „Sommer". Reihum trägt jeder einen Begriff bei, wie Sommerhitze, -wetter, -regen, -kleid, -urlaub, -tag, -loch, -ferien, -monat, -fest, -blumen oder -sonne. Der Wortbestandteil muss nicht zwingend am Anfang stehen. Es gelten auch Wörter wie Altweibersommer, Frühsommer oder Frühsommertemperaturen. Das Spiel geht so lange bis niemandem mehr ein Wort einfällt.

Diese Begriffe eignen sich ebenfalls gut: Haus, Frühling, Sommer, Herbst, Winter, Damen, Herren, Kinder, Hunde, Wetter, Sonne, Regen, Feuer, Wasser, Erd(e), Luft, Auto, Tier, Märchen, Schloss, Tür, Uhr, Zeit, Küche, Hand, Rot ...

Spielvarianten, die erheblich schwieriger sind

- Die Mitspieler benötigen Papier und Stift. Die Suche kann allein, zu zweit oder in Kleingruppen erfolgen. Es werden Wörter gesucht, die ein bestimmtes Wort enthalten, aber nicht zwangsläufig in seinem ursprünglichen Sinn, beispielsweise Wörter mit „Haus": Haushalt, -frau, -tür, -haltsgeld, Wohn-, Freuden-, Garten-, Holz-, Ferienhaus, aber auch Schausteller, Chaussee, Buchausgabe, Sachausgabe, Schauspieler ...
- Es werden Wörter gesucht mit:
  - **Personalpronomen:** Licht, Dusche, Teer, Sieb, Kessel, Wirbel, Weihrauch ...
  - **Tieren:** Fuchsschwanz, Löwenzahn, Katzenauge, Gänseblümchen, Klammeraffe ...
  - **Farben:** Schrott, Brot, Igelball, Orgelbühne, Gründer, Abgründe, Graugans, Ablauf ...
  - **Zahlen:** Einsatz, Zweirad, Zweifel, Weinsorte, Schlacht, helfen, Erdreich, Revier ...
  - **Namen:** Fliese, Kanne, Lotto, Bauwerk, Euter, Mutation, Revanche, verachten ...

Wörter finden

- Es wird in der Gruppe reihum nach Wörtern mit bestimmten Silben gesucht, z. B. be, in, ein, ver, ent, ter, fern, von, re, ker, ach, heit, kei, ung, et, el, ing, an, eis, un, so, tel, or, eu, ze, um, ne, vor ... Die Silben werden auf kleine Zettel geschrieben, von denen einer gezogen wird. Derjenige, der eine Silbe gezogen hat, nennt ein Wort mit der Silbe und gibt den Zettel an den nächsten weiter. Dieser nennt ein weiteres Wort und reicht den Zettel wieder an seinen Nachbarn. Ziel ist es, den Zettel durch Nennung eines weiteren Wortes weitergeben zu können und dadurch loszuwerden. Wer kein Wort mehr weiß, behält den Zettel. Wer am Ende die wenigsten Zettel hat, hat das Spiel gewonnen.
- Ist das zu einfach, kann vor Beginn der Runde festgelegt werden, ob die gezogene Silbe vorn, in der Mitte oder am Ende der Wörter stehen soll.
- Gesucht werden Wörter, in denen nur ein bestimmter Vokal mehrfach enthalten ist: **Anna, Lotto, Edersee, Anagramm, Uhu, Umtrunk, Handballmannschaft, Iltis, Tanzsaal, Staatsanwalt, Erdbeergelee, Erdbeerbeet** ... Wer findet das Wort, in dem der Vokal am häufigsten vorkommt?
- Oder es werden andere Wörter gesucht für: Gebäude (Haus, Bungalow, Villa, Schloss ...), sprechen (reden, erzählen, mitteilen, flüstern ...), gehen (schreiten, wandern, laufen, rennen ...), Gauner (Halunke, Bandit, Räuber ...), Raum (Küche, Saal, Salon, Halle ...)

© tomertu | Fotolia.com

Wörtersuche mit Würfel

Schwierigkeitsgrad: mittel
Spielmaterial: 1 Farbwürfel
Gruppengröße: 2–12 Mitspieler

Spielverlauf

Reihum würfelt jeder Mitspieler einmal und versucht, etwas zu nennen, für das die gewürfelte Farbe typisch ist. Sollte dies schwerfallen, darf die Gruppe helfen. Wird dieselbe Farbe mehrfach gewürfelt, sollten sich die Begriffe nicht wiederholen.

Beispiele

Rot: Liebe, Herz, Tomate, Rose, Feuerwehr, Rotkohl ...
Gelb: Zitrone, Post, Narzisse, Mais, Limonade, Falschheit ...
Blau: Himmel, Meer, Blaubeeren, Tinte, ein Betrunkener ...
Grün: Gras, Salat, Förster, Waldmeister, Gurke, Frosch ...
Weiß: Schnee, Eiweiß, Schwan, Quark, Brautkleid, Lilie ...
Schwarz: Kohle, Teer, Schornsteinfeger, Trauerkleidung, Rabe ...

Spielvariante

Erheblich schwieriger wird es, wenn man anstelle des Farbwürfels einen Zahlenwürfel einsetzt und Begriffe sucht, die mit der gewürfelten Zahl in Zusammenhang stehen. Bei dieser Variante sollte notfalls die gesamte Gruppe an der Suche nach geeigneten Begriffen beteiligt werden.

Beispiele

Eins: Solo, Solist, Single, Einsiedler, Schulnote, Einzelkind ...
Zwei: Paar, Zwillinge, Eheleute, Schuhe, Zweisamkeit, Duett ...
Drei: Drillinge, Dreirad, Drittel, Dreieck, Trilogie, Dreifuß ...
Vier: Quadrat, Quartett, Viereck, Autoreifen, Gliedmaßen ...
Fünf: Finger, 5-Euro-Schein, Quintett, fünf Sinne, fünf Freunde ...
Sechs: Lotto, Einschulung, Sechserpack, halbes Dutzend ...

Wörter und ihre Verkettung

Schwierigkeitsgrad: mittel
Spielmaterial: keines
Gruppengröße: 2–12 Mitspieler

Spielverlauf

Die Mitspieler sitzen im Kreis. Ein zusammengesetztes Hauptwort wird vorgegeben, wie „Trainingshose". Der erste Mitspieler aus der Runde versucht, mit dem zweiten Teil des Wortes – hier: „Hose" – ein neues zusammengesetztes Wort zu finden: z. B. „Hosenknopf". Reihum wird nun weitergespielt, beispielsweise: Knopfloch – Lochblech – Blechdose – Dosenbier – Bierglas – Glastisch – Tischplatte – Plattenspieler ... Achten Sie darauf, dass der zweite Teil des vorherigen Wortes immer am Anfang des neuen steht. Findet jemand keinen Begriff, kann er an den Vordermann zurückgeben. Dieser ist dann aufgefordert, ein anderes zusammengesetztes Wort zu finden, mit dem der Nachbar dann vielleicht erfolgreicher ist.

Spielvarianten

- Sehr viel **einfacher** wird es, wenn beliebige Wörter genutzt werden und der letzte Buchstabe als Anfangsbuchstabe für das nächste Wort gilt: Auto – Ofen – Nachbar – Regen – Nachthemd ...
- Bei dieser Variante können Vorgaben gemacht werden wie: nur Namen, nur Tiere o. Ä. werden gesucht: Esel – Lama – Ameise – Eichhörnchen – Nashorn – Nilpferd ...
- Wieder **schwieriger** wird es, wenn von beliebigen Wörtern die letzten zwei Buchstaben als Anfang für das neue Wort dienen. Aufgabe der Spieler ist es, darauf zu achten, dass das möglich ist und ein Wort z. B. nicht auf -nz oder -rt endet. Endungen mit wenigstens einem Vokal eignen sich oder auch -st und -ch.
- **Sehr schwierig** wird es, wenn nur Anfang und Ende vorgegeben werden und die Verbindungsglieder gesucht werden müssen, nach dem Motto: Wie kommt man von dem Hosenknopf zum Plattenspieler (vgl. Spielverlauf oben)?

Anagramme

Schwierigkeitsgrad:	mittel
Spielmaterial:	Stift und Papier für jeden Mitspieler
Gruppengröße:	2–12 Mitspieler

Spielverlauf

Es wird ein nicht zu kurzes Wort vorgegeben, beispielsweise „Februar". Die Mitspieler versuchen nun, aus den Buchstaben dieses Wortes andere Wörter zu bilden. Es dürfen beliebig viele Buchstaben verwendet werden. Allerdings nur die vorhandenen Buchstaben in ihrer bestehenden Anzahl. Weil im Wort „Februar" das R 2-mal vorkommt, darf es auch 2-mal in einem neuen Wort erscheinen. Alle anderen Buchstaben stehen nur einmal zur Verfügung. Alle Buchstaben, die in dem Wort nicht vorhanden sind, dürfen auch nicht hinzugefügt werden. Bei dem oben genannten Beispiel gibt also beispielsweise kein K, L oder S.

Beispiel

Februar: aber, Ar, Arber, Bau, Bauer, Beruf, Braue, Brauer, er, Farbe, Frau, Rabe, rar, Raub, Ruf, Rur, Ufer, urbar

Je länger das Wort ist, desto mehr Buchstaben stehen zur Verfügung und umso leichter wird es. Lassen sich viele Wörter bilden, ist es hilfreich, sie nach den Anfangsbuchstaben alphabetisch zu ordnen. Das erleichtert den Überblick.

Vielen Senioren hilft es anfangs, wenn sie die Buchstaben auf kleine Pappstückchen schreiben und diese hin und her schieben können, um Wörter zu bilden. Das verringert auch die Gefahr, dass doch mal andere Buchstaben dazwischengeraten.

Buchstabenspiele

Schwierigkeitsgrad:	schwer
Spielmaterial:	1 größeres Buchstabensortiment, wie z. B. aus dem bekannten Spiel Scrabble, in 1 Beutel
Gruppengröße:	2–6 Mitspieler

Spielverlauf

Die Mitspieler sitzen so um einen Tisch herum, dass alle die Mitte gut erreichen können. Jeder aus der Gruppe zieht sieben Buchstaben aus dem Beutel und legt diese vor sich hin. Die restlichen Buchstaben bilden den Stock. Wer aus seinen Buchstaben zuerst ein möglichst langes Wort legen kann, legt dieses in die Tischmitte. Anschließend zieht er die Anzahl der ausgelegten Buchstaben neu aus dem Stock, um wieder sieben zur Verfügung zu haben. Sein linker Nachbar versucht nun wie bei einem Kreuzworträtsel, mit seinen Buchstaben ein beliebiges Wort an das bereits gelegte Wort anzulegen, und ergänzt seine Buchstaben-Anzahl auch wieder auf sieben. Der nächste in der Runde legt ein weiteres Wort an oder verlängert ein vorhandenes, zieht Buchstaben aus dem Stock usw. Zu beachten ist, dass durch das Anlegen, dort wo sich Buchstaben berühren, kreuz und quer nur vollständige und sinnvolle Wörter entstehen dürfen. Kann jemand nichts anlegen, setzt er aus und tauscht seine Buchstaben, wenn er möchte, komplett gegen neue aus, die er aus dem Stock zieht. Wer zuerst alle seine Buchstaben angelegt hat, gewinnt.

Spielvarianten

- Sehr viel einfacher wird es, wenn einzelne beliebige Wörter gelegt werden können. Alle Buchstaben liegen in der Tischmitte und die Teilnehmer bedienen sich, so wie sie sie brauchen und finden.
- Es werden z. B. nur Städte, Tiere, Namen oder Blumen gelegt.
- Insbesondere für Menschen mit Demenz ist es sinnvoll, den eigenen Namen, den Geburtsnamen, die Namen des Ehegatten, der Kinder oder ähnliche biografiebezogene Begriffe zu legen.
- Auch einfach das Alphabet zu legen, ist eine sinnvolle Aufgabe. Ist es komplett, können beispielsweise Namen, Tiere, Blumen oder Essbares mit jedem Buchstaben als Anfangsbuchstaben gesucht werden. Der jeweils genutzte Buchstabe wird entfernt, sodass nach und nach das gesamte Alphabet abgearbeitet und zum Schluss verschwunden ist.

Galgenmännchen ohne Galgen

Schwierigkeitsgrad:	mittel
Spielmaterial:	1 Flipchart oder 1 Tafel, Filzstift oder Kreide
Gruppengröße:	2–20 Mitspieler

Spielverlauf

Alle Mitspieler sitzen so, dass sie das Flipchart oder die Tafel gut sehen können. Ein Mitspieler, der vorübergehend die Spielleitung übernimmt, überlegt sich ein relativ langes Wort, wie beispielsweise „Theatervorstellung", das die Gruppe erraten soll. Für jeden Buchstaben des Wortes wird auf dem Flipchart oder der Tafel ein kleiner Querstrich gezogen, im oben genannten Beispiel also 18. Ein Mitspieler nennt einen beliebigen Buchstaben, z. B. E, und der Spielleiter trägt diesen an den richtigen Stellen auf dem entsprechenden Querstrich ein (_ _e_ _e_ _ _ _ _ _e_ _ _ _ _). Kommt der Buchstabe mehrfach in dem Wort vor, wird er überall dort eingetragen, wo er hingehört. Wurde ein Buchstabe genannt, der in dem Wort nicht enthalten ist, wie das K, wird dieser als Merkhilfe an den Rand geschrieben, um Doppelnennungen zu vermeiden. Anschließend ist der nächste Spieler an der Reihe, einen weiteren Buchstaben zu nennen, z. B. S. Der Spielleiter trägt das S wieder ein (_ _e_ _e_ _ _ _s_e_ _ _ _ _) und der nächste ist an der Reihe. Während die Buchstaben nach und nach eingetragen werden, können die Mitspieler versuchen, das Wort zu erraten. Derjenige, dem das gelingt, ist als nächster an der Reihe, sich ein Wort zu überlegen und die Spielleitung für die neue Runde zu übernehmen.

Spielvariante

Anstelle eines Wortes kann auch ein kurzes Sprichwort, eine Redewendung oder ein Liedanfang eingesetzt werden.

> *Einfacher für die Mitspieler wird es, wenn die Wörter nicht zu lang sind und ein Spielleiter für die gesamte Spieldauer zur Verfügung steht.*

Buchstabieren

Schwierigkeitsgrad: einfach
Spielmaterial: 1 „ABC-Tafel 1“ für jeden Teilnehmer (vgl. Anhang S. 203)
Gruppengröße: 2–12 Mitspieler

Spielverlauf

Jeder Mitspieler erhält ein Exemplar der „ABC-Tafel 1“, auf der das gesamte Alphabet in der richtigen Reihenfolge eingetragen ist. Reihum nennt ein Teilnehmer nach dem anderen laut ein Wort mit fünf bis zehn Buchstaben. Dieses Wort wird dann von allen gleichzeitig buchstabiert, indem die entsprechenden Buchstaben in der Reihenfolge des Wortes mit dem Zeigefinger angetippt werden.

Schwierigere Spielvarianten

- Lange Wörter erfordern mehr Konzentration.
- Das Antippen muss möglichst schnell erfolgen.
- Das Antippen erfolgt mit dem Zeigefinger der linken Hand.
- Das Antippen erfolgt immer abwechselnd mit dem rechten und dem linken Zeigefinger.
- Es wird die Tabelle mit dem durcheinandergewürfelten Alphabet („ABC-Tafel 2“, vgl. Anhang S. 204) eingesetzt. In dem Fall sollte zunächst mit dem Buchstabieren des Alphabets geübt werden.
- Die Wörter oder das Alphabet werden rückwärts buchstabiert.

Rückwärts buchstabieren

Schwierigkeitsgrad:	schwer
Spielmaterial:	keines
Gruppengröße:	2–12 Mitspieler

Spielverlauf

Jeder Mitspieler überlegt sich ein Wort mit drei bis fünf Buchstaben. Reihum buchstabiert jeder sein Wort rückwärts, ohne den Begriff vorher aufzuschreiben. Er nennt zuerst den letzten, dann den zweitletzten, drittletzten Buchstaben, bis er beim ersten angelangt ist. Aufgabe der Gruppe ist es, den jeweiligen Begriff möglichst schnell zu erkennen.

Zunächst sollte unbedingt mit sehr kurzen Wörtern geübt werden. Die Aufgabe stellt sowohl an die Konzentration als auch an das bildliche Vorstellungsvermögen desjenigen, der buchstabiert, wie auch an alle, die das Wort erkennen wollen, hohe Anforderungen. Je länger die Wörter sind, desto schwieriger wird es. Mit zunehmender Übung wird aber auch das gelingen.

.rewhcs tsi gnafnA rellA

Aber: !retsieM ned thcam gnubÜ

Besteht die Möglichkeit, Texte spiegelverkehrt zu kopieren oder auszudrucken, werden Gedichte, Liedertexte oder Witze auf einfache Weise zu reizvollen Konzentrationsübungen. Alternativ können Texte auch auf den Kopf gedreht und gelesen werden.

Stabreime und verrückte Sätze

Schwierigkeitsgrad:	mittel
Spielmaterial:	Stift und Papier für jeden Mitspieler, 1 Beutel mit den Buchstaben des Alphabets
Gruppengröße:	2–12 Mitspieler
Vorbereitung:	Die Buchstaben Q, X und Y werden aussortiert.

Spielverlauf

Ein Mitspieler zieht aus dem Beutel einen Buchstaben, den er den anderen mitteilt. Alle sind nun aufgefordert, mit diesem Anfangsbuchstaben eine Person oder ein Tier zu suchen, eine Eigenschaft oder einen Mengenbegriff und eine Tätigkeit hinzuzufügen, z. B. alle Angler angeln, biedere Blondinen beten, clevere Chaoten chauffieren, dicke Dackel dösen, elf Engländer essen, frische Fische fischen ... Alle Ergebnisse werden vorgestellt. Anschließend zieht der Nächste einen neuen Buchstaben und es geht weiter.

Spielvarianten

* Jeder zieht einen eigenen Buchstaben.
* Eine geübte Gruppe kann versuchen, noch mehr Wörter hinzuzufügen oder einen möglichst langen Satz zu bilden, in dem alle Wörter mit dem gleichen Buchstaben anfangen, z. B.:
  Als alle acht alten Angler am Ammersee Aale angeln, achtet Anton am Abend ausnahmsweise auf Anglerin Angelikas Attraktivität.
  Oder: *Zurzeit ziehen zwölf zickige Zwergziegen zwischen zwei Zäunen zum zentralen Zirkuszelt zwecks Zugang.*
  Wer bildet die längsten Sätze?

Wer kennt sie nicht, die klassischen Zungenbrecher? Bei diesem Spiel entstehen teils sehr lustige eigene. Es sollte dennoch nicht versäumt werden, die alten, bekannten Zungenbrecher wieder ins Gedächtnis zu rufen, wie „Fischers Fritz“ oder die „Wiener Waschweiber“.

Stabreime und verrückte Sätze

- Die Wörter im Satz haben unterschiedliche Anfangsbuchstaben. Das erste Wort beginnt mit A, das zweite mit B, das dritte mit C usw.: *Am besten chauffiert Detlef eine freundliche, galante Hamburgerin in jener kühlen Limousine mit Naturledersitzen offensichtlich per quietschender Reifen ...*
- Die Sätze werden sehr einsilbig: Die Anfangsbuchstaben sind beliebig, aber alle Wörter, die vorkommen, dürfen nur eine Silbe haben: *Erst kommt aus Rom ein Brief, der mich sehr freut, und dann ruft mein Freund Tim aus Köln an, weil er mit dem Rad auf dem Weg zu mir ist.*

> *Ein geeignetes Buchstabensortiment für das Spiel lässt sich einfach mit Blanko-Memo-Karten aus dem Bastelladen und großen Klebebuchstaben herstellen. Die Buchstaben aus den Tabellen im Anhang können, auf dem Kopierer auf die richtige Größe gebracht, ebenfalls genutzt werden.*

© picsfive | Fotolia.com

Gemeinsam formulieren

Schwierigkeitsgrad: mittel
Spielmaterial: keines
Gruppengröße: 2–12 Mitspieler

Spielverlauf

Die Mitspieler sitzen am Tisch und versuchen, gemeinsam einen möglichst langen Satz zu formulieren. Der Erste aus der Runde beginnt den Satz mit einem Wort, beispielsweise „Eine …“. Der linke Nachbar wiederholt das Wort und fügt ein neues hinzu: „Eine alte …“ Der nächste übernimmt und verlängert den Satz weiter: „Eine alte Katze …“. So kreist der Satz reihum und verlängert sich, bis jemand ihn abschließt. Da er möglichst lang werden soll, sind Nebensätze durchaus erlaubt. Je verschachtelter ein Satz wird, desto stärker sind Konzentration und Merkfähigkeit gefordert. Inhaltlich ist Absurdes zugelassen. Wichtig ist, dass der Satz in sich logisch und grammatikalisch korrekt ist.

Spielvarianten

- Jeder fügt nicht ein Wort an, sondern zwei: „Eine alte – Katze, die – schnurrend im – …
- Jeder Mitspieler erhält Schreibmaterial und trägt oben links auf dem Blatt ein Wort ein, das einen Satz einleiten kann. Sind alle mit dem ersten Wort fertig, reicht jeder sein Blatt an seinen linken Nachbarn weiter, sodass die Blätter zu kreisen beginnen. Es wird ein zweites Wort eingetragen, das zum ersten passt, und das Blatt wieder weitergereicht. Das geschieht so lange, bis jemand einen Satz beendet. Das Blatt mit dem vollendeten Satz wird zur Seite gelegt. Alle anderen werden weitergereicht, bis nach und nach alle Sätze vollständig sind. Anschließend nimmt jeder Mitspieler das Blatt an sich, auf das er das erste Wort geschrieben hat, und liest den daraus entstandenen Satz vor.
- Jeder Mitspieler zeichnet eine Tabelle mit fünf gleich breiten Spalten. Über die erste Spalte schreibt er: **Wer?**, über die zweite: **Was wird getan?**, die dritte: **Wann?**, die vierte: **Wie?** und die fünfte: **Wo?**. Dann trägt jeder in die erste Spalte eine beliebige Person ein und knickt diese Spalte nach hinten um, sodass der Name oder die Personenbezeichnung nicht zu lesen ist. Jeder reicht anschließend sein Blatt an den linken Nachbarn weiter und bekommt ein Blatt von rechts. Auf dieses schreibt er in die nächste Spalte ein Verb, etwas, das die ihm unbekannte

Gemeinsam formulieren

Person tut. Auch die Spalte wird umgeknickt und das Blatt wieder nach links weitergegeben. Als Nächstes wird die Zeitangabe eingetragen, dann eine Eigenschaft und schließlich der Ort. Sind alle Spalten beschriftet, werden die Blätter auseinandergefaltet und alle entstandenen Sätze laut vorgelesen. Das Spiel wird wiederholt so oft die Gruppe möchte.

- Anstelle der Frage „Wann?“ könnte auch „Wie lange?“ gefragt werden.
- Wenn gewünscht, kann auch die Frage „Mit wem?“ oder „Womit?“ noch eingefügt werden.
- Unter „Wer?“ werden nur Tiere eingetragen.

Wiederherstellen

Schwierigkeitsgrad: mittel
Spielmaterial: ausreichend auf dem Kopierer vergrößerte Seitenausschnitte einer Zeitung oder Illustrierten, Scheren, Stift und Papier für jeden Mitspieler
Gruppengröße: 2–12 Mitspieler

Spielverlauf

Jeder Mitspieler, jedes 2er-Team oder jede Kleingruppe erhält mindestens einen Zeitungsausschnitt, aus dem sie sich einen relativ einfachen, nicht verschachtelten Satz von mittlerer Länge heraussuchen. Dieser Satz wird ausgeschnitten und mit der Schere in seine einzelnen Wörter zerlegt. Die Wörter werden gut gemischt und an den nächsten Mitspieler oder eine andere Gruppe abgegeben. Sind alle zerlegten Sätze weitergereicht, soll versucht werden, die vom Nachbarn erhaltenen Sätze wieder zusammenzusetzen. Haben alle sinnvolle, grammatikalisch richtige Sätze bilden können, werden die Lösungen gegenseitig vorgestellt. Oder der Satz wird zunächst notiert, die einzelnen Wörter wieder gemischt und an den Nächsten weitergegeben. Das geschieht so oft, bis alle mit jedem Satz gearbeitet haben. Anschließend können die Ergebnisse verglichen werden.

Je länger die Sätze sind, desto schwieriger ist die Aufgabe. Auch bei geübten Senioren sollte der Satz aus dem Hauptsatz und nur einem Nebensatz bestehen.

Spielvariante

Gut geeignet sind auch Zitate und Sprüche. Auch erste Sätze von Liedern (vgl. Übersicht auf S. 192) oder Gedichten sind reizvoll. Diese können dann gemeinsam ergänzt, gesungen oder rezitiert werden.

froh zu ist, bedarf Froh wer sein denn ein es wenig, ist König!

Lücken füllen

Schwierigkeitsgrad: sehr einfach
Spielmaterial: Text siehe unten
Gruppengröße: 2–20 Mitspieler

Spielverlauf

Die folgende Geschichte wird langsam vorgelesen. Aufgabe der Zuhörer ist es, die Lücken zu füllen, indem sie die Zwillingswörter per Zuruf ergänzen.

Picknick im Grünen

Anna hat sich zum Geburtstag ein Picknick im Grünen mit der ganzen Familie gewünscht. Alle sollen mit, mit **Kind** und ... *(Kegel)*. „Aber nicht bei **Wind** und ... *(Wetter)*", sagt Oma. „Nur wenn die Sonne scheint!" Doch Opa plant schon. Interessiert an **Land** und ... *(Leuten)*, überlegt er sich eine Tour durch das nahe ... *(Die Gruppe oder der Vorleser überlegt den Namen eines nahen Mittelgebirges oder einer ländlichen Region)*.
Nach einigen Tagen meint er: „Ich glaube, der Plan hat jetzt **Hand** und ... *(Fuß)*. Aber es geht über **Berg** und ... *(Tal)*. Jetzt muss nur noch das Wetter mitspielen."
Endlich soll es losgehen! Das Wetter ist prima: nicht zu kalt, nicht zu warm. Die Sonne lacht. Oma hat mit **Lust** und ... *(Liebe)* für den Proviant gesorgt. Sie hat viele Leckereien eingepackt, **Süßes** und ... *(Saures)*.
„Das ist wichtig!", sagt Opa. „**Essen** und ... *(Trinken)* hält **Leib** und ... *(Seele)* zusammen." Es werden mehrere Rucksäcke gepackt. Anna ist froh, dass sie keinen tragen muss. Papa und Opa haben gut zu schleppen.
Auf geht es mit **Sack** und ... *(Pack)*. Mit **Bus** und ... *(Bahn)* sind sie schnell am Startpunkt. Von dort geht es weiter auf Schusters Rappen. Es geht über **Weg** und ... *(Steg)*, durch **Wiesen** und ... *(Wälder)*, vorbei an **Haus** und ... *(Hof)* von so manchem Bauern. Die Kinder laufen immer wieder querfeldein über **Stock** und ... *(Stein)*, ohne müde zu werden, und man sieht an ihren Beinen die Spuren von **Disteln** und ... *(Dornen)*. Sie halten Ausschau nach **Burgen** und ... *(Schlössern)*. Aber auch die Erwachsenen wandern ohne **Rast** und ... *(Ruh)*.

Lücken füllen

Endlich entdecken sie einen schönen Rastplatz und beschließen, erst mal eine Pause zu machen. Alle haben **Hunger** und … *(Durst)*. Jetzt wird ein ausgiebiges Picknick gemacht, auf das sich schon alle gefreut haben. Sie breiten sich aus unter einem schönen Baum. Durch die dichten Zweige fallen noch einige Sonnenstrahlen und sorgen für ein wunderschönes Wechselspiel von **Licht** und … *(Schatten)*.
Für **Speis** und … *(Trank)* ist gesorgt. Es gibt **Wasser** und … *(Brot)*, **Butter** und … (Schmalz), **Wurst** und … *(Käse)*, Eier und Tomaten mit **Pfeffer** und … *(Salz)* und für die Erwachsenen ein Getränk aus **Hopfen** und … *(Malz)*.
Während die Erwachsenen sich noch ein wenig ausruhen, rennen die Kinder **kreuz** und … *(quer)* über die Obstwiese und spielen Fangen. Sie **spielen** und … *(springen)* und **tanzen** und … *(singen)*. Sie haben großen Spaß und machen Krach, dass einem **Hören** und … *(Sehen)* vergeht. Da an Ruhe nicht mehr zu denken ist, machen sie sich wieder auf den Weg. Und zwar mit **Sang** und … *(Klang)*. Opa hat seine Mundharmonika dabei und musiziert, während alle anderen kräftig singen.
Als sie den nächsten Ort erreichen, zieht ein Gewitter auf. In der Ferne **blitzt** und … *(donnert)* es. Keiner möchte nass werden, erst recht nicht von **Kopf** bis … *(Fuß)*! Sie rennen los zum Bahnhof. Ohne **Wanken** und … *(Schwanken)* erreichen sie den Zug. Geschafft! Wieder geht es vorbei an **Stadt** und … *(Land)*. Alle sind froh, doch noch trocken, **glücklich** und … *(zufrieden)* nach Hause gehen zu können. Als sie zu Hause ankommen, sagt Oma: „War das schön. Aber ich bin **fix** und … *(fertig)*." Auch die Kinder sind **matt** und … *(müde)*.
Und Anna meint: „Das war ein wunderschöner Tag. So ein Tag, der dürfte nie vergehn!"

© euthymia | Fotolia.com

Zum Abschluss singt die Gruppe gemeinsam das Lied „So ein Tag, so wunderschön wie heute".

Puzzeln mit Texten

Schwierigkeitsgrad:	mittel
Spielmaterial:	kurze Texte, z. B. Witze
Gruppengröße:	2–12 Mitspieler
Vorbereitung:	Die Texte werden mit dem Kopierer etwas vergrößert und in einzelne Zeilen zerschnitten.

Spielverlauf

Jeder Mitspieler, jede Partner- oder Kleingruppe erhält einen anderen in Zeilen zerschnittenen Text, beispielsweise einen Witz. Die Aufgabe besteht darin, anhand des Inhalts und der Satzzeichen den Text in seine ursprüngliche Reihenfolge zu sortieren. Ist das gelungen, werden alle vorgelesen, sodass automatisch gegenseitig Witze erzählt werden. Erweist sich ein Text als sehr schwierig, hilft die ganze Gruppe mit, bis eine befriedigende Lösung gefunden ist.

Spielvarianten

- Der Text wird in seine einzelnen Sätze zerschnitten.
- Es wird der Text eines etwas längeren Gedichts eingesetzt, das vielleicht sogar bekannt ist.
- Liedtexte eignen sich ebenfalls. Wenn alle dasselbe Lied bekommen, haben zum Schluss alle den Text vorliegen und es kann gemeinsam gesungen werden. Ermitteln die Spieler unterschiedliche Lieder, findet im Anschluss vielleicht eine etwas ausgiebigere Gesangsrunde statt.

„Na klar, aber für 6 Stück hätte ich gern 2 Mark!"

„Gibst du mir auch welche?" fragt Karl.

„Von Apfelkernen wird man intelligent und schlau." antwortet Fritz.

Äpfel und mehr Kerne bekommen!"

Siehst du Karl, die wirken schon!"

„Du bist ganz schön teuer, für 2 Mark hätte ich 1 Kilo

Nachdem Karl die Kerne gekauft hat, meint er:

Karl zu Fritz: „Warum isst du ständig Apfelkerne?"

Geschichten erzählen

Schwierigkeitsgrad:	mittel
Spielmaterial:	beliebige, sehr unterschiedliche Gegenstände in einer größeren Anzahl als die Gruppenmitglieder (z. B. Seife, Knopf, Kopftuch, Kochlöffel, Wollknäuel, Postkarte ...)
Gruppengröße:	2–12 Mitspieler

Spielverlauf

Alle Mitspieler sitzen um einen Tisch. In der Mitte ausgebreitet sind Gegenstände, die auf den ersten Blick nichts miteinander zu tun haben. Ein Gruppenmitglied nimmt ein Teil aus der Mitte und beginnt, eine Geschichte zu erzählen, in der dieses vorkommt. Sobald der Gegenstand erwähnt wurde und der entsprechende Satz beendet ist, übernimmt der linke Nachbar.
Dieser wählt ebenfalls einen Gegenstand aus, setzt die Geschichte mit einem oder mehreren Sätzen fort und übergibt an den nächsten. Wenn alle einen Beitrag geleistet haben oder alle Gegenstände verbraucht sind, kann die Gruppe sich überlegen, wie die Geschichte endet.

Anstelle von Gegenständen können auch Bilder oder Wortkarten eingesetzt werden.

Spielvarianten

- Es werden Bilder mit Märchenfiguren oder Zettel mit deren Namen ausgelegt.
- Es werden Bilder bzw. Zettel mit den Namen von Prominenten verwendet.
- Die Materialien liegen nicht auf dem Tisch, sondern in einem Beutel oder unter einem Tuch. Ohne ihn sehen zu können, wird ein Gegenstand genommen und dann in der Geschichte eingesetzt.
- Fällt es den Mitspielern schwer, eine logisch fortlaufende Handlung zu entwickeln, kann es hilfreich sein, wenn jeder neue Beitrag mit den Worten „Und dann ...“ anfängt.
- Für **Menschen mit fortgeschrittener Demenz**, die durch eine fortlaufende Geschichte überfordert werden, ist es eine sinnvolle Aufgabe, einen beliebigen Satz zu formulieren, in dem der Gegenstand vorkommt.

Autorenwettbewerb

Schwierigkeitsgrad: mittel
Spielmaterial: Papier und Stifte für die Mitspieler
Gruppengröße: 2–20 Mitspieler

Spielverlauf

Das Spiel verläuft in zwei Phasen. Zunächst sind alle aufgefordert, einzeln, in 2er-Teams oder einer Kleingruppe eine Wörtersammlung zu erstellen. Einfach kann das mithilfe einer ABC-Liste erfolgen, indem die Mitspieler sich zu jedem Buchstaben von A bis Z ein Wort notieren, das ihnen spontan, ohne viel Überlegung einfällt. Ist das erfolgreich getan, können die Ergebnisse gegenseitig kurz vorgestellt werden. Nun ist Fantasie gefragt! Es stehen jetzt allen Mitspielern oder Gruppen 26 Wörter zur Verfügung, die vermutlich in keinerlei Beziehung zueinander stehen. Der zweite Teil der Aufgabe besteht darin, eine Geschichte zu erfinden, in der diese 26 Wörter in beliebiger Reihenfolge vorkommen. Der Text muss keinen tieferen Sinn haben. Wichtig sind der logische Zusammenhang und Handlungsablauf. Sind alle Geschichten fertiggestellt, werden sie einander vorgelesen.

Spielvarianten

- Anstelle beliebiger Wörter werden Gegenstände, Personen und/oder Tätigkeiten und/oder Eigenschaften gesucht.
- Es können auch Gegenstände gesucht werden, für die bestimmte Farben typisch sind (vgl. „Wörtersuche mit Würfel", S. 86). Eine Gruppe sammelt mindestens 15 bis 20 Gegenstände, für die Rot typisch ist, eine andere nach Gelb, eine nach Blau und eine nach Grün.
- Statt einzelner Wörter können auch Redewendungen oder Sprichwörter eingesetzt werden. Dabei sollte jedoch zuvor gemeinsam eine umfangreiche Sammlung erstellt werden, aus der jeder frei zehn bis 15 Sprüche wählen kann.

Eine Liste mit bekannten Sprichwörtern befindet sich im Anhang auf Seite 185, eine Liste mit Redewendungen auf Seite 188.

Liedergeschichten

Schwierigkeitsgrad: mittel
Spielmaterial: Liederbücher, Papier und Stifte für die Mitspieler
Gruppengröße: 2–20 Mitspieler

Spielverlauf

Hier ist Fantasie gefragt! Obwohl die meisten Senioren viele Lieder kennen, sollten allen Mitspielern, Partner- oder Kleingruppen verschiedene Liederbücher oder eine Liste mit Liedanfängen zur Verfügung stehen. Ist das nicht der Fall, sollte zunächst eine eigene Liste erarbeitet werden, indem Liedanfänge von Volks-, Seemanns-, Kinder-, Wander-, Fahrtenliedern und Schlagern gesammelt werden. Je breiter das Spektrum, desto leichter fällt es dann, geeignete Textzeilen zu finden. Denn die Aufgabe besteht darin, eine Geschichte zu erfinden, in der viele Anfänge von Liedern oder sehr bekannte Textzeilen vorkommen. Der Text muss keinen tieferen Sinn haben. Wichtig sind der logische Handlungsablauf und der Zusammenhang. Sind alle Geschichten fertiggestellt, werden sie einander vorgelesen.

Es lohnt sich oft, die Geschichten aufzubewahren. Sie können immer wieder mal als Konzentrationsaufgabe oder Merkübung eingesetzt werden oder auch bei den letzten vier der folgenden Spielvarianten in der Betreuung von Senioren mit Demenz.
Die Geschichte wird langsam vorgelesen und die Zuhörer sind aufgefordert, ...

- *sich möglichst viele der genannten Lieder zu merken.*
- *die Lieder zu zählen, die in der Geschichte vorkommen.*
- *Lieder zu zählen, in denen z. B. Namen oder Orte vorkommen.*
- *weitere Lieder zu suchen, in denen Namen oder Orte vorkommen.*
- *die jeweilige Melodie zu dem erkannten Lied zu summen.*
- *den Anfang eines Liedes zu singen.*
- *den Rhythmus eines Liedes auf den Tisch zu klopfen.*
- *einmal zu klatschen, wenn ein Lied genannt wird.*

Im Anhang (S. 194–196) befinden sich Beispiele für Liedergeschichten. Eine Liste mit bekannten Liedanfängen finden Sie auf Seite 192.

Was ist das?

Schwierigkeitsgrad:	mittel
Spielmaterial:	größere Anzahl von Kärtchen oder Zetteln, Stifte und Schreibpapier für alle Mitspieler, hilfreich sind 1 Fremdwörterbuch oder 1 allgemeines Lexikon
Gruppengröße:	2–12 Mitspieler

Spielverlauf

Das Spiel fordert zum sehr präzisen Formulieren auf. Es verläuft in zwei Phasen. Die Mitspieler agieren einzeln, in Partner- oder Kleingruppen. Vorbereitend werden sie gebeten, unter der Überschrift: „Was ist ein ...?" eine Liste mit zehn bis 15 Begriffen zu erstellen, die später erklärt werden sollen. Was ist z. B. ein Automat, Orchester, Applaus, gemischter Chor, Handy, CD-Player, Grammofon, Eintänzer, Trottoir, Update, Amateur ...? Sind ausreichend Begriffe gefunden worden, werden die Ergebnisse verglichen, indem die einzelnen Listen langsam vorgelesen werden und alle die doppelt genannten Begriffe von ihrer Liste streichen. Die übrigen Begriffe können zu einer Gesamtliste zusammengefügt werden. Anschließend werden alle Wörter auf kleine Kärtchen oder Zettel geschrieben, die verdeckt in ein Kästchen gelegt werden.

Dann beginnt das eigentliche Spiel. Reihum zieht jeder aus dem Kästchen einen Zettel und versucht, den darauf stehenden Begriff in eigenen Worten zu erklären. Die Gruppe entscheidet darüber, ob die Erklärung ausreicht oder hilft ergänzend. Sind alle zufrieden, zieht der Nächste einen Begriff usw., bis alle einmal an der Reihe waren oder sämtliche Wörter erklärt sind.

Spielvarianten

- **Eigenschaften**, wie visuell, taktil, riskant, touristisch, prekär, rational, divers, chaotisch, oder **Tätigkeiten**, wie analysieren, animieren, blanchieren, colorieren, echauffieren, fingieren, lassen sich auf dieselbe Weise nutzen.
- **Redewendungen** sind ebenfalls gut geeignet, erklärt zu werden. Was bedeutet es überhaupt: Jemand trägt seine Frau auf Händen? Wenn jemand den Nagel auf den Kopf trifft, aus der Haut fährt oder der Groschen endlich gefallen ist?
- Für **Menschen mit Demenz** sollten keine komplizierten, modernen Wörter gewählt werden, da im Laufe der Krankheit ohnehin viele Begriffe verloren gehen. Aber einfache Begriffe aus dem Berufsleben oder dem normalen Alltag können

Was ist das?

oft noch genutzt werden: Was ist z. B. ein Fleischwolf, Reißverschluss, Druckknopf, Zentimetermaß, Weckglas, flotte Lotte, Peterwagen, ein Dutzend ...?

* Für Ratefüchse bietet sich folgende Version an: Es wird ein Begriff oder eine Redewendung gezogen, aber nicht der Gruppe mitgeteilt, sondern nur mit eigenen Worten erklärt. Die Mitspieler müssen anhand dieser Umschreibung versuchen, den Begriff zu erraten.

Sowohl für die Suche nach den Wörtern als auch die Klärung unterschiedlicher Meinungen oder auch bei völliger Ratlosigkeit und Unwissenheit sind alte Lexika oder andere Nachschlagewerke sehr hilfreich. Viele Senioren verfügen über geeignete Werke und stellen diese vielleicht auch zur Verfügung.

Eine Liste mit Redewendungen befindet sich im Anhang auf Seite 188.

© Maksym Yemelyanov | Fotolia.com

Was fällt mir dazu ein?

Schwierigkeitsgrad: einfach
Spielmaterial: keines
Gruppengröße: 2–12 Mitspieler

Spielverlauf

Alle Mitspieler sitzen in einer Runde. Ein Spielleiter gibt ein Wort vor, zu dem alle Mitspieler frei assoziieren, d.h., reihum erzählt jeder, was ihm spontan zu dem Begriff einfällt. Wenn es z.B. um den „Sommer" geht, könnten die Mitspieler folgende Assoziationen haben: Sonne, Urlaub, Sonnencreme, Wärme, Blumen, frisches Obst, kurze Hosen, Sandalen, baden gehen ... Die Wortmeldungen können sich bei kognitiv eingeschränkten Teilnehmern durchaus wiederholen.

Spielvarianten

- Wie in der ursprünglichen Variante wird beispielsweise vom Spielleiter das Wort „Sommer" vorgegeben und der Erste in der Runde assoziiert vielleicht „Sommerschlussverkauf". Für den Nächsten ist nicht mehr das Wort „Sommer" relevant, sondern er sagt spontan, was ihm zu „Sommerschlussverkauf" einfällt: „Schnäppchen". Wieder der Nächste antwortet auf „Schnäppchen" mit „Geld gespart". Bei „Geld gespart" denkt der Nächste vielleicht an einen zusätzlichen Cafébesuch, den er sich noch leisten kann, oder sein Sparkonto. Es wird also immer direkt, ohne großes Überlegen auf das reagiert, was der Vorgänger gesagt hat.
- Es werden verschiedene Karten oder Zettel mit beliebigen Wörtern (Personen, Gegenstände, Orte, Tätigkeiten, Eigenschaften u.Ä.) angeboten. Reihum zieht jeder Mitspieler eine Karte, liest das Wort vor und erzählt, was ihm sofort dazu einfällt.
- Verschiedene Bilder, etwa Postkarten, werden ausgelegt und jeder Spieler darf sich eine auswählen. Reihum erzählt jeder, was er mit dem Bild verbindet und was ihm dazu in den Sinn kommt.
- Bilder mit Sehenswürdigkeiten, die einen Hinweis auf Städte geben, werden angeboten. Wer kennt die Städte und weiß etwas über sie?

Was fällt mir dazu ein?

* Bildausschnitte (wie beim Spiel „Teilansichten", vgl. S. 134) werden präsentiert, die einen Hinweis auf etwas geben. Wer erkennt, worum es hier geht, und weiß mehr darüber?
* Gegenstände, die auf ein Märchen hinweisen: goldene Kugel, rote Mütze, Kreide, Apfel oder Spiegel, kleine Katzenfigur, Linsen … Was deutet auf welches Märchen hin? Wer kann es erzählen?
* Gegenstände, die auf Berufe schließen lassen, nach dem Motto: Wer braucht was? Wer weiß mehr über diese Berufe?
* Verschiedene Materialien, wie Holz, Metall, Glas, Stoff, Kunststoff, Schaumstoff oder Leder, werden präsentiert mit der Fragestellung: Was wird daraus hergestellt?
* Verwendungsmöglichkeiten: Was kann man alles mit einem Gummiband machen? Mit einem Tuch, einer Wäscheklammer, einem Ziegelstein oder einer Zeitung?
* Was ist rund, lang, weich, spitz, platt, rot, lecker, bunt, ekelig, hoch, kugelrund, viereckig oder gemütlich?
* Was kann man binden, schlagen, schneiden, brechen, lesen, gewinnen, schreiben oder gern haben?
* Was schwimmt, fliegt, rollt, läuft, bildet, schmeckt, fließt, nervt, macht glücklich, entspannt oder tut einfach gut?
* Was gab es früher, was heute nicht mehr zu finden ist? Was gibt es heute stattdessen? Oder anders formuliert: Was gab es vor 1950 oder 1960 und was seitdem?

Lieder raten

Schwierigkeitsgrad: einfach
Spielmaterial: keines, evtl. Liederbücher
Gruppengröße: 2–12 Mitspieler

Spielverlauf

Die einfachste Möglichkeit, mit Liedern ein Ratespiel zu gestalten, besteht darin, dass reihum jeder die Melodie eines beliebigen Liedes summt oder mit „lalala“ singt. Alle anderen sind aufgefordert, das Lied zu erraten. Ist es richtig erkannt, kann von allen gemeinsam zumindest die erste Strophe gesungen werden. Auf diese Weise ergibt sich automatisch eine zufällige Liedauswahl für die Gesangsrunde (vgl. auch „Summ, summ, summ“, S. 149).

Spielvarianten

- Auswendig oder mihilfe von Liederbüchern wird die zweite oder eine andere Zeile der ersten Strophe genannt. Die Mitspieler müssen überlegen, wie das Lied anfängt. Oder es wird nur ein markantes Stichwort aus einem Lied genannt, wie Gans für „Fuchs, du hast die Gans gestohlen“. Derartige Hinweise sind nicht immer eindeutig. Manchmal passen sie zu mehreren Liedern, wie Müller zu „Das Wandern ist des Müllers Lust“ und „Es klappert die Mühle am rauschenden Bach“. In dem Fall sollte um ein weiteres Wort als weiteren Hinweis gebeten werden oder alle passenden Lieder werden gesammelt.
- Wenn die Texte abgedeckt werden, kann man vielleicht anhand von Illustrationen aus Liederbüchern auf Lieder schließen.
- Es werden Bilder oder Gegenstände präsentiert, die auf Lieder hinweisen, wie ein Veilchen für „Komm, lieber Mai, und mache“, ein Kalenderblatt vom 1. Mai für „Der Mai ist gekommen“, ein Stern für „Weißt du, wie viel Sternlein stehen“, Geldstücke für „Was frag ich viel nach Geld und Gut“, ein Lindenblatt für „Vor meinem Vaterhaus steht eine Linde“ usw.
- Die Aufgabe der Gruppe besteht darin, Lieder zu suchen, in denen ein Tier vorkommt, eine Blume, ein Vorname oder eine Stadt.
- Ist eine Gruppe sehr kreativ, können ihre Mitglieder versuchen, zu einem Lied, das die Gruppe erraten soll, ein Bild zu malen.
- Sehr schwer wird es, wenn die Mitspieler versuchen, Lieder pantomimisch darzustellen.

Teekesselchen

Schwierigkeitsgrad:	mittel
Spielmaterial:	Stifte und so viele kleine Zettel wie Mitspieler
Gruppengröße:	2–12 Mitspieler

Spielverlauf

Das Spiel verläuft in zwei Phasen. Zunächst sind alle Mitspieler aufgefordert, Wörter zu suchen, die zwei oder mehr unterschiedliche Bedeutungen haben. Alle Begriffe werden einzeln auf je einen Zettel geschrieben. Die Menge der Wörter sollte der Anzahl der Mitspieler entsprechen, damit eine gewisse Auswahl für das eigentliche Spiel gegeben ist oder eine zweite Runde gespielt werden kann. Die Zettel werden verdeckt in eine offene Schachtel gelegt.
Sind genügend Wörter gefunden, tun sich immer zwei Mitspieler zu einem 2er-Team zusammen. Reihum zieht jedes Paar einen Begriff aus der Schachtel und verständigt sich darüber, wer welche Bedeutung vertritt. Das erste Paar beginnt dann, abwechselnd jeweils einen Hinweis auf die von ihm vertretene Bedeutung zu geben. Beispielsweise sagt der eine: „Mein Teekesselchen ist ein Lebewesen." Der andere: „Mein Teekesselchen gehört zu einem Lebewesen." Der eine: „Meins gehört zur Flora." Der andere: „Meins zur Fauna." Der erste wieder: „Meins ist wunderschön." Der andere: „Meins ist wuschelig, aus Fell." Es werden so lange Hinweise gegeben, bis jemand den gesuchten Begriff, hier „Blume" (Pflanze und Schwanz des Hasen) errät. Wer die richtige Lösung gefunden hat, bekommt den Zettel. Gewinner ist, wer am Ende die meisten Zettel sammeln konnte.

Wenn jeder die Erklärung beider Bedeutungen übernimmt, ist das Spiel auch zu zweit möglich, aber erheblich schwieriger.

<u>Beispiele für Wörter mit mehreren Bedeutungen</u>

- **Fuchsschwanz:** der Schwanz von einem Fuchs – die Säge
- **Fahne:** die Flagge – die Fahne nach Alkoholgenuss
- **Veilchen:** die Blume – das blaue Auge
- **Löffel:** der Suppenlöffel – das Ohr des Hasen
- **Blatt:** das Laubblatt – das Papierblatt – eine Zeitung oder Illustrierte
- **Spiegel:** der Spiegel an der Wand – der Wasserspiegel – die Zeitschrift

Auf den Inhalt kommt es an!

Schwierigkeitsgrad:	einfach
Spielmaterial:	Bildkarten (vgl. Anhang, S. 205–209)
Gruppengröße:	2–12 Mitspieler
Vorbereitung:	Kopieren Sie , die Bildkarten, schneiden Sie diese aus und kleben Sie sie auf entsprechend große Karteikarten, die Sie evtl. laminieren.

Spielverlauf

Alle Bildkarten werden verdeckt entweder im Stapel oder flächig in Reihen neben- und untereinander gelegt. Reihum zieht jeder Mitspieler eine Karte und deckt sie auf. Zunächst wird allen Gruppenmitgliedern gesagt und gezeigt, was auf der Karte zu sehen ist. Da es sich ausschließlich um Behältnisse handelt, wird anschließend gemeinsam überlegt, was darin sein könnte. Es sollten so viele Ideen wie möglich gesammelt werden – auch Ungewöhnliches. Fällt keinem mehr etwas ein, zieht der nächste in der Runde eine weitere Karte und es geht von vorn los.

*Für **Senioren mit einer fortgeschrittenen Demenz** ist unter Umständen eine Antwort pro Bild völlig ausreichend.*

Spielvarianten

- Mögen die Spieler lieber **Würfelspiele**, können die Karten in einem großen Kreis auf den Tisch gelegt werden. Eine Spielfigur wird auf eine beliebige Karte gesetzt. Dann würfelt der erste Spieler, zieht die Spielfigur entsprechend weiter und deckt die Karte auf, auf der die Figur zum Stehen kommt. Ist diese ausreichend besprochen worden, wird sie entfernt oder bleibt offen liegen.
- Für ein **Wettspiel** erhält jeder Teilnehmer oder jedes 2er-Team Stift und Papier. Es wird eine bestimmte Zeitspanne – eine halbe oder ganze Minute – vorgegeben und von einem Spielleiter gestoppt. Während dieser Zeit versucht jeder Mitspieler oder jedes 2er-Team, möglichst viele Inhalte für den aktuell aufgedeckten Behälter zu finden. Die Ergebnisse werden anschließend verglichen. Jeder akzeptable Inhalt ergibt einen Punkt. Dann geht es in die nächste Runde.

Auf den Inhalt kommt es an!

- Eine gute **Merkübung** ist, wenn eine der Karten herumgereicht wird und jeder reihum einen möglichen Inhalt für das Gefäß benennt, der sich jedoch nicht wiederholen darf.
- **Oder:** Eine Karte wird herumgegeben und jeder überlegt sich eine Möglichkeit zum Befüllen. Doch zuvor wiederholt er alle bereits genannten Dinge wie beim Spiel „Kofferpacken" (vgl. S. 129).
- Ein **Ratespiel** entsteht, wenn ein Mitspieler eine Karte zieht, das abgebildete Behältnis aber nicht benennt oder zeigt, sondern es mit eigenen Worten umschreibt und die Gruppe raten lässt, was auf der Karte zu sehen ist.
- Ein **einfacheres Ratespiel** kann nach den Regeln von „Ich sehe was, was du nicht siehst" gespielt werden. Alle Karten werden offen auf den Tisch gelegt. Ein Mitspieler sucht sich still eine Karte aus, ohne zu erkennen zu geben, um welche es sich handelt, und gibt Hinweise: „Ich sehe was, was du nicht siehst, und das ist …!" Alle anderen überprüfen die Abbildungen auf das genannte Kriterium und versuchen, zu erraten, welches Bild der Spieler meint. Gelingt das nicht, kann ein zweiter Hinweis gegeben werden.
- Eine andere **Wortfindungsübung** besteht darin, mit dem abgebildeten Begriff zusammengesetzte Hauptwörter zu suchen, z. B. mit „Tasche": Taschentuch, Taschenspiegel, Einkaufstasche, oder mit „Glas": Trinkglas, Glasvase, Fensterglas.
- Zur **Formulierungs- und Fantasieübung** wird das Spiel, indem mit dem abgebildeten Gegenstand jeweils ein **Satz formuliert** wird. Etwas schwieriger ist es, zwei oder drei Begriffe in einem Satz unterzubringen. Noch viel mehr Fantasie ist gefragt, wenn diese Sätze auch noch inhaltlich zusammenpassen sollen, d. h., nach und nach wird ein Gegenstand nach dem anderen in einer **fortlaufenden Geschichte** verarbeitet. Dafür sollten allerdings die Karten offen zur freien Auswahl auf dem Tisch ausgelegt werden.
- Eine **sehr einfache Einsatzmöglichkeit** für die Karten ist, sie zu sortieren, indem Gemeinsamkeiten gesucht werden: gleiche Farbe, gleiches Material, gleiche Form oder Beschaffenheit (Was ist rund/lang/weich? …), ähnlicher Verwendungszweck (Was braucht man in der Küche oder wenn man unterwegs ist? Wo kann Flüssigkeit hinein? Wo auf keinen Fall?). Oder lassen sich gemeinsame Oberbegriffe finden? Anschließend kann versucht werden, zu einzelnen Oberbegriffen oder anderen Kategorien noch weitere Begriffe zu finden.

Wer kauft was?

Schwierigkeitsgrad: mittel
Spielmaterial: Prospekte und Kataloge, Scheren, Briefumschläge, kleine Zettel, 1 Kästchen
Gruppengröße: 2–12 Mitspieler

Spielverlauf

Das Spiel verläuft in drei Phasen. Zuerst listet die Gruppe unterschiedlichste Personen auf, die sie später auf Einkaufstour schickt, wie eine junge Mutter, einen Rentner, ein Schulkind, einen allein lebenden jungen Mann, eine Großmutter mit Enkel, ein Mitglied der Grünen ... Jeder wird typischerweise oder situationsbedingt an bestimmten Produkten besonders interessiert sein, an anderen nicht. Es werden mindestens so viele Personen benannt, wie später 2er-Teams bestehen. Jede Person wird auf einen kleinen Zettel geschrieben, der dann zusammengefaltet wird. Alle Zettel werden in ein Kästchen gelegt.
Anschließend bilden die Gruppenmitglieder 2er-Teams, die sich jeweils am Prospektmaterial, den Scheren und den Briefumschlägen bedienen. Jede Gruppe zieht einen Zettel aus dem Kästchen und erfährt so, für welche Person sie einen Einkauf tätigt. Beide Partner beginnen, in den Prospekten nach Produkten zu suchen, die diese Person mit hoher Wahrscheinlichkeit kaufen würde. Die Bilder werden ausgeschnitten und gesammelt. Sind zehn bis 15 typische Produkte gefunden, werden die Abbildungen in den Briefumschlag gesteckt.
Danach werden alle Briefumschläge an eine andere Gruppe weitergegeben, ohne gleichzeitig etwas über den Käufer zu verraten. Die Briefumschläge werden wieder entleert und der Einkauf betrachtet. Nun versucht jede einzelne Gruppe für sich, einzuschätzen, wer hier eingekauft hat. Abschließend werden die Lösungen der großen Gruppe vorgestellt, begründet und mit der jeweiligen Gruppe, die den Einkauf getätigt hat, geklärt, ob die richtige Person als Einkäufer vermutet wurde.

In vielen Einkaufsmärkten liegen am Eingang Prospekthefte aus, die sich hervorragend nutzen lassen. Zusammen mit den Prospekten aus der Tageszeitung erhält man ein gutes Spektrum.

Kalender gestalten

Schwierigkeitsgrad:	mittel
Spielmaterial:	alte Bildkalender aus festem Papier, für jeweils max. 3 bis 4 Personen 1 Kalender
Gruppengröße:	2–12 Mitspieler
Vorbereitung:	Vereinzeln Sie die Kalenderblätter und schneiden Sie die Bilder vom Kalendarium sowie die Monatsbezeichnungen ab. Mischen Sie alle Teile gut.

Spielverlauf

Hierbei handelt es sich um eine schöne Aufgabe zum Jahreswechsel. Jede Partner- oder Kleingruppe bekommt die unsortierten Einzelteile eines Kalenders ausgehändigt. Ihre Aufgabe ist es, den Kalender neu zu gestalten. Das bedeutet, dass die Bilder anhand ihrer Darstellungen den einzelnen Monaten zugeordnet werden und den Monaten die Kalendarien. Anhaltspunkte, welche Wochen- und Tagesdaten welchem Monat entsprechen, ergeben sich aus dem Kalendarium: der Anzahl der Wochentage und der Feiertage. Außerdem muss die korrekte Abfolge der einzelnen Wochentage beim jeweiligen Monatswechsel beachtet werden.
Sind alle Kalender fertig gestaltet, erhält jede Partner- oder Kleingruppe die Gelegenheit, ihr Werk der Gruppe vorzustellen und ihre Entscheidungen zu begründen.

Spielvariante

Soll die Aufgabe für **Menschen mit Demenz** einfacher gestaltet werden, reicht es, Bild und Kalendarium voneinander zu trennen. Der Monatsname wird nicht abgetrennt, sondern verbleibt bei der Übersicht der Wochentage.

Die Kalenderbilder sollten unbedingt einen Bezug zum jeweiligen Monat haben. Das Kalendarium sollte Auskunft über die Feiertage geben.

Es ist nicht zwingend erforderlich, jeder Gruppe einen anderen Kalender anbieten zu können. Alle Kleingruppen können durchaus den gleichen Kalender bearbeiten, sofern Sie genügend Exemplare davon haben.

Wer bist du?

Schwierigkeitsgrad: schwer
Spielmaterial: keines
Gruppengröße: 2–12 Mitspieler

Spielverlauf

Ein Spieler überlegt sich eine bekannte Person, die er darstellen möchte, teilt diese der Gruppe aber nicht mit. Seine Mitspieler stellen reihum jeweils eine Frage an diese unbekannte Person, deren Antwort Hinweise auf deren Identität geben soll. Die Fragen müssen von den Gruppenmitgliedern so formuliert werden, dass die Person sie nur mit „Ja" oder „Nein" beantworten kann. Andere Antworten sind nicht erlaubt. Nach und nach werden Informationen erfragt, die auf die Person schließen lassen. Wird die Identität von einem Mitspieler erraten, ist dieser an der Reihe, sich eine neue Person auszudenken.

Spielvarianten

- Wird die Frage eines Mitspielers mit „Ja" beantwortet, darf er eine weitere stellen – so lange, bis eine Frage verneint wird. Dann ist der nächste an der Reihe und fragt wieder so oft, bis auf eine Frage mit „Nein" geantwortet wird.
- Anstelle einer bekannten Person können Berufe oder beliebige Personen wie auch Angehörige oder Freunde und Bekannte, die wirklich alle Gruppenmitglieder kennen, erraten werden.
- Statt Personen können sich auch Tiere auf diese Weise zu erkennen geben.
- Auch Gegenstände lassen sich erraten.
- Am schwierigsten wird das Spiel, wenn völlig offen bleibt, ob es sich bei dem zu Erratenden um eine Person, einen Beruf, ein Tier oder einen Gegenstand handelt.

Eines passt nicht!

Schwierigkeitsgrad: mittel
Spielmaterial: Papier und Stift für jeden Mitspieler
Gruppengröße: 2–12 Mitspieler

Spielverlauf

Jeder Mitspieler überlegt sich vier Begriffe, von denen drei eine eindeutige Gemeinsamkeit haben, die dem vierten fehlt, wie Pflaume – Tomate – Apfel – Kirsche. Drei gehören zu der Kategorie Obst, die Tomate ist ein Fruchtgemüse. Oder: Pflaume – Apfel – Kirsche – Aprikose. Der Apfel gehört nicht zum Steinobst.
Haben sich alle Mitspieler entsprechende Begriffe überlegt, legt jeder noch die Reihenfolge seiner Wörter fest, damit die Position des Wortes, das aus der Reihe fällt, möglichst variiert und es beispielsweise nicht immer an vierter Stelle steht. Dann stellt reihum jeder seine Begriffe vor und die Gruppe überlegt, was nicht in die Reihe passt und aus welchem Grund.

Beispiele

- Wien – Lissabon – **Bonn** – Moskau: Alle sind Hauptstädte, nur Bonn nicht. Außerdem ist Bonn die einzige deutsche Stadt.
- Regenwurm – Hase – Maulwurf – **Rabe:** Nur der Rabe kann fliegen.
- Brettchen – Kochlöffel – **Bleistift** – Holzteller: Alle bestehen typischerweise aus Holz, nur der Bleistift hat mit der Mine ein zweites Material.
- Tomate – Rote Bete – Radieschen – **Möhre:** Alle sind rund und rot, nur die Möhre ist lang und orange.
- Madrid – Paris – **Rom** – London: Alle haben zwei Silben, Rom nur eine.
- Baggersee – Badehose – **Sonne** – Bikini: Außer Sonne beginnen alle mit B.

Je nach Differenzierung kann das Spiel sehr einfach (z. B. Apfel – Brot – Birne – Pflaume) gestaltet werden und ist dann gut einsetzbar in der Arbeit mit ***Senioren mit Demenz****, wenn eine Spielleitung die Begriffe vorgibt. Es kann aber auch richtig schwer sein: z. B. wenn alle Wörter Doppelvokale haben, nur eines ein Doppel-M. Unterschiede können zustande kommen durch verschiedene Kategorien, Materialien, Formen, Farben, Anfangsbuchstaben, Silben …*

Eines passt nicht!

Spielvarianten

- Sehr viel anschaulicher wird das Spiel, wenn eine Kramkiste mit vielen unterschiedlichen Dingen zur Verfügung steht und anstelle der geschriebenen und gesprochenen Wörter Gegenstände entsprechend zusammengelegt werden, deren Kategorien, Material, Anfangsbuchstaben usw. den Unterschied ausmachen. Ein Spielleiter oder einzelne Mitspieler wählen vier Gegenstände aus und präsentieren sie der Gruppe, die herausfinden muss, was nicht passt. Beispiel: Murmel – Knopf – Münze – Mühlestein: Nur die Murmel ist kugelrund, die anderen eher kreisrund. Oder: Staubtuch – Seifenlappen – Spültuch – Gästehandtuch: Nur der Seifenlappen hat nicht das „Tuch" im Namen.
- Gegenstände, Bilder oder Schriftkärtchen können auch thematisch zusammengestellt werden, z. B. zum Thema Berufe eine Vielzahl unterschiedlichster Werkzeuge und Zubehör, aus denen gewählt werden kann: Zentimetermaß – Fingerhut – Hammer – Nähmaschinenspule = Ein Schneider braucht zum Nähen keinen Hammer. Oder zum Thema Haushalt: Wäscheklammer – Kochlöffel – Sieb – Eierbecher = Die Wäscheklammer gehört nicht in die Küche. Zum Thema Farben: Kirsche – Marienkäfer – Fliege – Feuerwehr = Die Fliege ist nicht rot. Krokus – Vergissmeinnicht – Tulpe – Stiefmütterchen = Alle blühen in mehreren Farben, nur das Vergissmeinnicht ist typisch hellblau. Rotkohl – Schrotthaufen – Brot – Gartentor = Bei „Gartentor" stehen die Buchstaben von „rot" verkehrt herum.
- Das Spiel läuft umgekehrt: Reihum macht jeder Mitspieler Vorgaben und die Gruppenmitglieder überlegen sich die Begriffe: In jedem ist ein „Ei", nur eins hat „Eier", wie Brei – klein – Bein – Schleier. Oder: Alles ist rot und schmeckt, nur eins ist ungenießbar: Kirsche – Erdbeere – Himbeere – Feuerwehr. Auch bei dieser Variante kann mündlich gespielt werden oder mit einer Vielzahl von Gegenständen, Bildern oder Schriftkärtchen. Die Gruppenmitglieder versuchen, in diesem Angebot entsprechende Dinge, Bilder oder Kärtchen zu finden, auf die die Bedingungen zutreffen, sodass die Denkaufgabe noch mit einer visuellen Wahrnehmungsübung verbunden wird.

Eine Liebesgeschichte zum Nachdenken

Schwierigkeitsgrad:	einfach
Spielmaterial:	Geschichte siehe unten, Buchstaben des Alphabets oder Buchstabenkärtchen in 1 Beutel
Gruppengröße:	2–20 Mitspieler

Spielverlauf

Die Geschichte wird langsam vorgelesen und die darin enthaltenen Aufgaben werden von der Gruppe gemeinsam bearbeitet.

Wie das Leben so spielt

Heute habe ich eine Geschichte mitgebracht.
Mögen Sie Geschichten? Märchen? Es war einmal ...?
Damit die Geschichte richtig gut wird, brauche ich Ihre Unterstützung.
Los geht's!

Zunächst sollten wir klären, wo die Geschichte spielte.
(Ein Mitspieler wird gebeten, einen Buchstaben aus dem Beutel zu ziehen.)
Gesucht wird ein kleiner Ort mit diesem Anfangsbuchstaben.
Am Rande von *(Ort)* lebte einmal ein wohlhabender Bauer mit seiner Frau und seinem Sohn.
Wie hieß der Sohn denn wohl? Und welche Charaktereigenschaften hatte er?
(Ein anderer Mitspieler wird gebeten, wieder einen Buchstaben aus dem Beutel zu ziehen.)
Für alle Dinge, die wir über den Sohn erfahren, ist dieser Buchstabe der Anfangsbuchstabe:

- Wie hieß der Sohn mit Vornamen – und mit Nachnamen?
- Wie war seine Statur?
- Seine Augenfarbe war ...?
- Welche Haarfarbe hatte er?
- Was war er von Beruf?
- Welche besondere Eigenschaft hatte er? Wie war er?
- Wovon träumte er?

Eine Liebesgeschichte zum Nachdenken

Dieser junge Mann hatte sich unsterblich in die jüngste Tochter des Kaufmanns im Ort verliebt. Wie sie hieß und wie ihr Charakter war, erfahren wir nun:
(Wieder ein anderer Mitspieler wird gebeten, einen Buchstaben zu ziehen.)
Für alles, was wir über diese junge Frau erfahren, gilt dieser Buchstabe als Anfangsbuchstabe:

- Wie hieß sie mit Vornamen – und mit Nachnamen?
- Wie war ihre Statur?
- Ihre Augenfarbe war ...?
- Welche Haarfarbe hatte sie?
- Was war sie von Beruf?
- Welche besondere Eigenschaft hatte sie? Wie war sie?
- Wovon träumte sie?

Doch wie das im Leben so ist: *(Ihr Vorname)*, die junge Kaufmannstochter, wollte gar nichts von *(sein Vorname)* wissen. Er umwarb sie, wie er nur konnte. Er wusste, dass *(ihr Vorname)* leidenschaftlich gern tanzte. Wo auch aufgespielt wurde, bei Schützenfesten oder im Tanzsaal, *(sein Vorname)* lud sie immer wieder dazu ein. Und egal was gespielt wurde, sie schwebten dahin. Was meinen Sie, welche Tänze tanzten sie?
(Die Senioren werden aufgefordert, alle Tänze zu nennen, die ihnen einfallen.)

Gelegentlich brachte er ihr auch nachts vor ihrem Fenster ein Ständchen. Sehr zum Ärger des Kaufmanns und seiner Frau, die schlafen wollten. Doch *(sein Vorname)* ließ sich nicht davon abbringen und sang ihr oft ein Liebeslied. Was meinen Sie, welches könnte das gewesen sein?
(Die Gruppe wird aufgefordert, ein Liebeslied auszuwählen, das dann gemeinsam gesungen wird.)

Und es kam, wie es kommen musste. *(Ihr Vorname)* konnte *(sein Vorname)* nicht länger widerstehen. Sie liebten sich.
(Ihr Vorname) berichtete: „Er ist so ...“*(Eigenschaft mit demselben Anfangsbuchstaben wie sein Vorname)* und nannte ihn „Mein ...!“ *(Kosename mit demselben Anfangsbuchstaben).*

Eine Liebesgeschichte zum Nachdenken

(Sein Vorname) sagte: „Sie ist einfach …"*(Eigenschaft mit demselben Anfangsbuchstaben wie ihr Vorname)* und nannte sie: „Mein …!" *(Kosename mit demselben Anfangsbuchstaben).*

Bald wurde die Hochzeit geplant. Lassen Sie uns gemeinsam überlegen, was alles bedacht und organisiert werden muss!
(Die Senioren werden aufgefordert, zu überlegen, was der Bräutigam, die Braut und die Brauteltern für die kirchliche Hochzeit und die anschließende Feier zu planen und zu besorgen haben.)

So wurde eine wunderschöne Hochzeit gefeiert. Alle waren glücklich und zufrieden. Das Paar zog in ein kleines Haus mit Garten. Bald stellte sich Nachwuchs ein. *(Sein Vorname)* wurde ein erfolgreicher *(sein Beruf)* und *(ihr Vorname)* kümmerte sich um Haushalt und Familie. So lebten sie ein sorgloses Leben.
Doch wer weiß, vielleicht saß die glückliche Braut einige Jahre später mit ihrer Freundin zusammen. Der Alltag hatte sie längst eingeholt. Und sie erzählte: „Das bisschen Haushalt macht sich von allein, sagt mein Mann!" Kennen Sie das Lied?
(Der Refrain sollte gemeinsam gesungen werden. Wenn der Text nicht mehr präsent ist, kann man sich mit „lalala" helfen.)

Das bisschen Haushalt macht sich von allein. Stimmt das? Was gehört denn alles zum Alltag und zum Aufgabenbereich einer Hausfrau?
(Die Senioren sollten animiert werden, die zahlreichen und vielfältigen Aufgaben einer Hausfrau in den 1950/1960er-Jahren zusammenzutragen, eventuell auch als ABC-Übung wie bei „ABC-Wörtersuche", vgl. S. 80)

Sah Ihr Alltag auch so aus? Dann können Sie stolz darauf sein, was Sie geleistet haben.

Superzahl

Schwierigkeitsgrad:	schwer
Spielmaterial:	3–5 Würfel, Schreibmaterial für jeden Teilnehmer
Gruppengröße:	2–12 Mitspieler

Spielverlauf

Es wird mit mehreren Würfeln gewürfelt. Wie viele zum Einsatz kommen, hängt von der Leistungsfähigkeit der Gruppe ab. Die Entscheidung über die Anzahl trifft ein Spielleiter oder die Gruppe. Je mehr Würfel zum Einsatz kommen, desto komplexer, aber auch interessanter wird die folgende Aufgabe. Um das Spiel kennenzulernen und die Aufgabe zu verstehen, empfiehlt es sich, mit wenigen Würfeln zu beginnen. Der erste Spieler würfelt und teilt die gewürfelten Zahlen allen Mitspielern mit. Mit diesen Zahlen versucht nun jeder Mitspieler, eine eigene Rechenaufgabe zu erstellen, die ein bestimmtes Ergebnis haben soll oder dem möglichst nahe kommt. Diese Zahl sollte vorher von der Gruppe oder einem Spielleiter festgelegt und ebenfalls allen Mitspielern mitgeteilt werden. Mögliche Ergebnisse der Rechenaufgaben können bei drei Würfeln 11, 12, 13 oder 15 sein, bei vier Würfeln zwischen 18 und 23 und bei fünf Würfeln zwischen 22 und 27 liegen.
Es dürfen dabei alle vier Grundrechenarten zum Einsatz kommen. Ist eine Lösung gefunden oder sind entsprechende Rechenaufgaben entwickelt worden, in denen die Ergebnisse der angestrebten Zahl möglichst nahe kommen, werden die Ergebnisse verglichen. Anschließend kann der nächste in der Runde erneut würfeln und es geht wieder los. Die zuvor festgelegte Ergebniszahl kann beibehalten werden, denn mit anderen neu gewürfelten Zahlen ergeben sich neue Bedingungen.

Das 1x1 mal anders

Schwierigkeitsgrad: schwer
Spielmaterial: keines
Gruppengröße: 2–12 Mitspieler

Spielverlauf

Alle Teilnehmer sitzen im Kreis und sind reihum beteiligt. Die Gruppe oder der Spielleiter gibt ein 1x1 vor, z. B. das 1x3. Die Mitspieler zählen von 1 an nacheinander im Uhrzeigersinn durch. Immer dann, wenn eine Zahl aus dem 1x3 dran wäre, wird nicht die Zahl genannt, sondern 1x3, 2x3 usw. gesagt. Der Nächste zählt weiter, als wäre die natürliche Zahl genannt worden.

Beispiel
1. Mitspieler: 1
2. Mitspieler: 2
3. Mitspieler: 1x3
der Nächste: 4
der Nächste: 5
der Nächste: 2x3
der Nächste: 7
der Nächste: 8
der Nächste: 3x3
der Nächste: 10 usw.

Die Runde kann bis 30 durchgezählt werden, aber auch weit darüber hinaus. Ausschlaggebend ist, wie geübt die Gruppe ist.

Zum Üben empfiehlt es sich, statt beispielsweise „1x3“ zu sagen, einmal zu klatschen und nichts zu sagen. Eigentlich würden die Teilnehmer automatisch gern die Zahl nennen. Da fällt es leichter, nichts zu sagen und eine Bewegung durchzuführen. Sollte diese Variante gut klappen, die oben genannte aber noch zu schwierig sein, können zusätzlich noch alle Zahlen einbezogen werden, in denen die Ziffer 3 vorkommt. Dann würde entsprechend dem Beispiel auch bei der 13, 23, 30, 33 usw. geklatscht.

Entenfüße zählen

Schwierigkeitsgrad: schwer
Spielmaterial: keines
Gruppengröße: 4–12 Mitspieler

Spielverlauf

Die Teilnehmer sitzen im Kreis und sind reihum im Uhrzeigersinn beteiligt. Der erste Teilnehmer beginnt mit der Anzahl der Enten, der zweite nennt die Anzahl der gesamten Füße, die folgenden sagen für jeden Fuß einmal: „Platsch". Dann wird eine Ente hinzugefügt und es fängt von vorn an:

1. Mitspieler: „Eine Ente"
2. Mitspieler: „Zwei Füße"
3. Mitspieler: „Platsch"
4. Mitspieler: „Platsch"

5. Mitspieler: „Zwei Enten"
6. Mitspieler: „Vier Füße"
7. Mitspieler: „Platsch"
8. Mitspieler: „Platsch"
9. Mitspieler: „Platsch"
10. Mitspieler: „Platsch"

11. Mitspieler: „Drei Enten"
12. Mitspieler: „Sechs Füße"
und sechs Mitspieler sagen je einmal „Platsch" usw.

Was schätzen Sie, wie weit die Gruppe es schafft? Die Aufgabe ist sehr schwierig und erfordert höchste Konzentration.

Üben Sie zunächst ohne „Platschen", nur mit Enten und Füßen. Wenn das gelingt, kann jeweils der Dritte alle Platsche aufzählen.

Mithilfe der Finger zu zählen, ist grundsätzlich erlaubt.

Und nehmen Sie es mit Humor. Lachen ist erwünscht!

Ja oder Nein?

Schwierigkeitsgrad: mittel
Spielmaterial: keines
Gruppengröße: 2–12 Mitspieler

Spielverlauf

Die Mitspieler sitzen im Kreis. Jeder überlegt sich eine Frage, die man mit „Ja" oder „Nein" beantworten kann. Der erste Spieler richtet die Frage an seinen linken Nachbarn, der sie beantwortet. Sagt er: „Ja!" schüttelt er während des Sprechens den Kopf. Sagt er: „Nein!", nickt er gleichzeitig. Die Bewegung des Kopfes erfolgt also immer genau entgegengesetzt zu der verbalen Aussage. Anschließend stellt derjenige, der gerade geantwortet hat, die nächste Frage an seinen linken Nachbarn. Total verrückt, oder?

Spielvariante

- Es werden gegenseitig Fragen gestellt, die mit „rechts" oder „links" zu beantworten sind. Während der verbalen Beantwortung wird die entgegengesetzte Hand gezeigt.
- Ebenso kann nach hinten oder vorn, nach oben oder unten gefragt und jeweils das Gegenteil gezeigt werden.
- Es wird eine Frage gestellt, auf die die Antwort sehr wahrscheinlich eine Zahl bis acht sein wird, z. B. „Wie viele Brötchen essen Sie zum Frühstück?" Der Gefragte teilt mit: „Zwei" und zeigt mit den Fingern immer zwei mehr, nämlich vier.
- Werden alle Fragen gemischt, sodass überraschend ist, ob die Antwort auf die Frage ja/nein, oben/unten, rechts/links lautet oder eine Zahl drankommt, wird es ganz verrückt.

Hier ist erhöhte Konzentration gefragt. Um diese zu trainieren, sind solche Spiele sinnvoll und machen meist großen Spaß.

Verkehrte Anatomie

Schwierigkeitsgrad:	mittel
Spielmaterial:	keines
Gruppengröße:	2–12 Mitspieler
Vorbereitung:	Bilden Sie einen Stuhlkreis ohne Tisch.

Spielverlauf

Die Spieler sitzen so, dass sie sich alle gegenseitig gut sehen können. Im Spiel geht es darum, ein Körperteil zu benennen, aber ein anderes zu zeigen. Der erste Spieler in der Runde sagt beispielsweise: „Das ist meine Nase" und fasst sich an sein Knie. Der linke Nachbar erklärt, „Das ist mein Knie" und zeigt auf seinen Kopf. Der nächste sagt: „Das ist mein Kopf" und fasst an seine Wade usw. Genannt wird immer das Körperteil, das der vorherige Spieler gezeigt hat, und ein anderes wird benannt. Zeigen und Sprechen sollten unbedingt gleichzeitig erfolgen.

Spielvariante

Die Spieler sitzen um einen Tisch, auf dem für alle gut erreichbar verschiedene Abbildungen von Gegenständen, Tieren, Blumen oder unterschiedlichste kleine Dinge liegen. Das Spiel läuft jetzt andersherum. Ein Mitspieler zeigt einen Gegenstand, beispielsweise einen Knopf, und sagt: „Das ist ein Radiergummi." Der nächste nimmt und zeigt den Radiergummi und sagt gleichzeitig: „Das ist ein Notizblock." In diesem Fall müssen die Mitspieler zusätzlich das zuletzt genannte Teil aus der Menge heraussuchen und darauf achten, dass sie etwas nennen, das auch unter den ausgebreiteten Sachen zu finden ist. Und zwar alles gleichzeitig!

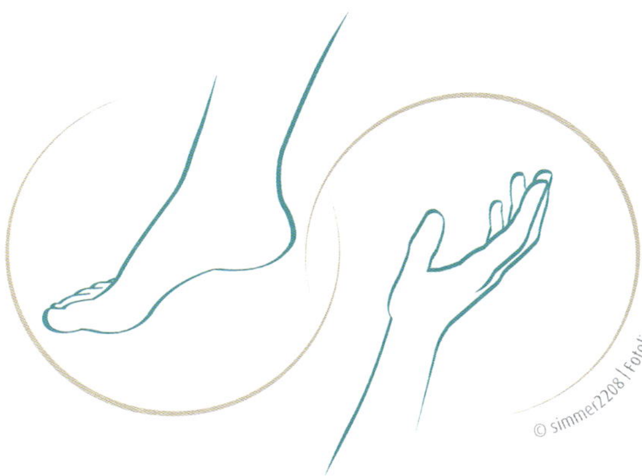

© simmer2208 | Fotolia.com

Die große Suche

Schwierigkeitsgrad:	mittel
Spielmaterial:	1 Text, wie ein Zeitungsartikel oder ein Gedicht, und 1 Stift für jeden Mitspieler
Gruppengröße:	2–12 Mitspieler

Spielverlauf

Jeder Mitspieler bekommt einen Stift und einen Text, der in Länge und Schriftgröße der Konzentrations- und Sehfähigkeit der Senioren angepasst ist. Die Aufgabenstellung kann sehr unterschiedlich sein, beispielsweise jedes „E", ob klein oder groß, anzustreichen.

Spielvarianten

- Ein bestimmter Buchstabe wird angestrichen und gleichzeitig seine Häufigkeit gezählt.
- Es werden zwei verschiedene Buchstaben, z. B. „E/e" und „R/r", gesucht oder „S/s" und „T/t" oder „I/i" und „E/e".
- Es werden Silben gesucht: re, ent, be, ung, heit, keit, er, en, ein ...
- Es werden Wörter in anderen Wörtern gesucht, z. B. „werden" beinhaltet das Wort Erde, „beinhalten" umfasst die Wörter Bein, ein, in, Inhalt, halt, halten, alt. Hier reichen meist sehr kurze Texte.

Klatsch mal!

Schwierigkeitsgrad:	einfach
Spielmaterial:	keines
Gruppengröße:	3–12 Mitspieler

Spielverlauf

Die Mitspieler sitzen im Kreis. Der Spielleiter klatscht einmal in die Hände, sein linker Nachbar klatscht, dann klatscht dessen linker Nachbar usw. Das Klatschen wird so lange im Uhrzeigersinn weitergegeben, bis ein Teilnehmer an beliebiger Stelle 2-mal klatscht und damit die Richtung ändert. Das Klatschen wird dann gegen den Uhrzeigersinn wiederum so lange von Mitspieler zu Mitspieler weitergegeben, bis jemand wieder durch doppeltes Klatschen die Richtung ändert. Jeder Mitspieler muss ständig auf der Hut sein, wenn er gerade geklatscht hat, ob die Richtung wechselt und er sofort wieder übernehmen muss.
Je schneller das Spiel läuft, desto mehr müssen sich alle Spieler konzentrieren. Deshalb sollte das Spieltempo der Leistungsfähigkeit angepasst werden. Die Spieldauer wird von der Gruppe bestimmt.

Verschärfte Variante

Alle Mitspieler sitzen um einen Tisch und legen ihre Hände nebeneinander flach auf den Tisch. Statt zu klatschen, wird jetzt in der Reihenfolge der Hände mit jeder Hand leicht auf den Tisch geklopft. Der Spielverlauf ist wie oben. Aber Achtung: Jeder Spieler hat zwei Hände und muss jetzt 2-mal reagieren, nämlich mit jeder Hand einzeln. Läuft die Richtung im Uhrzeigersinn, klopft erst die rechte und dann die linke Hand, dann die rechte und anschließend die linke des linken Nachbarn usw. Klopft eine Hand 2-mal, wechselt die Richtung wieder: Als Nächstes klopft die Hand, die rechts neben der Hand liegt, die doppelt geklopft hat, dann die, die rechts daneben liegt usw. Alles klar? – Sehen Sie sich die Hände gut an, überlegen Sie die Richtung der Bewegungsweitergabe und versuchen Sie es erst einmal ganz langsam, bis jedem klar ist, wie es läuft.
Aber dann: Tempo bitte! Und gut aufpassen beim Richtungswechsel!

Die Linke im Einsatz

Schwierigkeitsgrad:	mittel
Spielmaterial:	Stift und Papier für jeden Mitspieler
Gruppengröße:	2–12 Mitspieler

Spielverlauf

Sind alle Teilnehmer mit Schreibmaterial versorgt, werden sie gebeten, den Stift in die linke Hand bzw. Linkshänder, die nicht mit rechts schreiben, in die rechte Hand zu nehmen und sich zunächst mit Schwüngen, Kreisen und anderen einfachen Figuren oder Großbuchstaben etwas einzuüben. Anschließend werden alle aufgefordert, auf einem neuen Blatt Papier mit der linken Hand ein Haus zu malen. Daneben einen Baum, einen Strauch und einen Weg zu dem Haus.

* Anschließend kann reihum jeder einen Vorschlag machen, was noch auf das Bild gemalt werden könnte.
* Alternativ schreibt jeder an den linken Rand mit links untereinander das Alphabet. Anschließend wird einzeln oder zu zweit überlegt, was noch in der Umgebung oder an dem Haus zu sehen sein könnte. Bedingung ist, dass die Buchstaben des Alphabets jeweils die Anfangsbuchstaben bilden und für jeden Buchstaben mindestens ein Begriff gefunden wird. Die gefundenen Wörter werden dann mit rechts untereinander neben das Alphabet geschrieben.

Auf diese Weise wird die Konzentrations- und Koordinationsaufgabe zusätzlich zu einer Fantasie- und Wortfindungsübung.

Spielvariante

Die Teilnehmer versuchen, kurze Wörter oder den eigenen Namen mit links bzw. Linkshänder mit rechts zu schreiben. Wird die Schrift mit etwas Übung leserlicher, werden 2er-Teams gebildet. Diese zwei Teilnehmer schreiben jeder mit rechts eine Frage an den anderen auf, tauschen dann die Blätter und antworten dem anderen jeweils mit links. Anschließend formulieren sie eine neue Frage mit rechts, tauschen die Blätter und lassen den Partner wieder mit links antworten.

Beide Hände im Einsatz

Schwierigkeitsgrad:	mittel
Spielmaterial:	Stifte und Papier für jeden Mitspieler
Gruppengröße:	2–12 Mitspieler

Spielverlauf

Die Teilnehmer werden aufgefordert, in jede Hand einen Stift zu nehmen. Beide Stifte werden auf dem Blatt mit etwas Abstand zueinander aufgesetzt und im Kreis bewegt. Zunächst rechts herum, dann links herum. Wichtig ist, dass die Hände immer gleichzeitig agieren.

Die Stifte werden nun nebeneinander in der Blattmitte aufgesetzt und mit Wellenlinien zum Rand, einer nach rechts, einer nach links, geführt.

Die Stifte werden etwas tiefer wieder in der Mitte aufgesetzt und beide Hände beschreiben, eine nach rechts, eine nach links, kleine Schlaufen wie handschriftliche kleine e, dann Bögen wie handschriftliche u oder m.

Nach diesen Vorübungen werden alle aufgefordert, die Stifte wieder in der Blattmitte anzusetzen und mit beiden Händen gleichzeitig kurze Wörter zu schreiben: Sonne, Blume, super, Freude ... Dabei schreibt die rechte Hand wie gewohnt, die linke in Spiegelschrift. Kann man das lesen? Vielleicht mit einem Spiegel?

Spielvariante

Der Stift in der linken Hand wird am linken Rand aufgesetzt, der Stift in der rechten Hand in der Blattmitte. Beide Hände schreiben wieder gleichzeitig. Es können dieselben Vorübungen wie oben vorgeschaltet werden: Wellenlinien, Schlaufen und Bögen. Anschließend wird richtig geschrieben, zuerst kurze Wörter, dann auch längere. Der Unterschied ist, dass beide Hände von links nach rechts schreiben, also in der normalen Schreibrichtung. Die Rechte schreibt wie immer. Die Linke bewegt sich parallel dazu und schreibt genauso, nur etwas weniger leserlich.

Kofferpacken

Schwierigkeitsgrad:	schwer
Spielmaterial:	keines
Gruppengröße:	2–12 Mitspieler

Spielverlauf

Alle Mitspieler sitzen im Kreis. Ein Teilnehmer beginnt: „Ich packe meinen Koffer und lege ein Paar Socken hinein." Der linke Nachbar wiederholt das Gesagte und fügt einen Gegenstand hinzu: „Ich packe meinen Koffer und lege ein Paar Socken und ein Oberhemd hinein." Der nächste wiederholt wieder alles und legt ein weiteres Teil hinzu. Reihum füllt sich der Koffer. Jeder fügt noch ein Stück hinzu. Wie viele Gegenstände kann man sich merken? Wie viele Runden schafft die Gruppe?

Spielvariante

- Zu jedem Gegenstand, der genannt wird, erfolgt gleichzeitig eine entsprechende Bewegung, z. B. als würde man sich Socken anziehen.
- Zu jedem Gegenstand, der eingepackt wird, wird ein entsprechendes Geräusch gemacht: Genannt wird beispielsweise eine Jacke, an der der Reißverschluss zugezogen wird: ratsch.
- Zu jedem Gegenstand werden sowohl eine Bewegung als auch ein Geräusch gemacht: ein Wecker – aufziehen oder stellen – ticktack-ticktack; ein Rasierapparat – Bewegung wie beim Rasieren – rrrrrrr; Zahnbürste – Bewegung wie beim Zähneputzen – schrubb schrubb.

  Es werden Gegenstände in der Reihenfolge des Alphabets eingepackt: der erste mit A, der zweite mit B, der dritte mit C, ...

!

Auch wenn die drei Spielvarianten auf den ersten Blick sehr schwierig erscheinen, wundert man sich über den Effekt. Wird etwas mit mehreren Sinnen gleichzeitig aufgenommen, wird es in verschiedenen Speicherfächern im Gehirn abgelegt und steht an mehreren Stellen für die Erinnerung zur Verfügung. Die Senioren sollten unbedingt ermutigt werden, Bewegung und Geräusch intensiv zu vollziehen. Jeder immer wieder! Je absurder uns etwas erscheint, desto besser können wir es uns merken.

Bitte merken!

Schwierigkeitsgrad: mittel
Spielmaterial: 10 Gegenstände, 1 Handtasche, bei Bedarf Papier und Stift für jeden Mitspieler
Gruppengröße: 2–12 Mitspieler

Spielverlauf

Die Mitspieler sitzen um einen Tisch herum. Ein Spielleiter präsentiert eine Damenhandtasche und deren Inhalt: Hausschlüssel, eine Geldbörse, einige Münzen, eine alte, löcherige Socke, eine Flasche 4711, eine Regenhaube, ein kleiner Kamm, ein Einkaufsnetz, ein Lippenstift und eine selbst gefertigte Eintrittskarte für den „Ball der einsamen Herzen" oder einen Abholschein für die Reinigung.
Alles wird betrachtet und besprochen. Die Gruppenmitglieder erhalten Gelegenheit, sich die Gegenstände einzuprägen. Anschließend wird alles wieder in die Tasche gepackt, während alle gemeinsam den jeweiligen Gegenstand laut benennen.
Die Tasche wird verschlossen und die Gruppe beschäftigt sich mit etwas anderem, macht eine Bewegungsübung oder singt ein Lied. Nach dieser Ablenkung versuchen alle gemeinsam oder jeder einzeln, sich an die zehn Gegenstände in der Handtasche zu erinnern und sie aufzuschreiben. Anschließend wird die Tasche wieder entleert und alle können vergleichen, ob sie sich richtig erinnert haben oder etwas vergessen wurde.

Spielvarianten

- Anstelle der Handtasche können auch einfach zehn Gegenstände auf dem Tisch ausgebreitet werden, die dann mit einem Tuch abgedeckt werden.
- Es werden fünf bis zehn Gegenstände ausgelegt. Alle schließen die Augen, nur einer nicht, der heimlich ein Teil entfernt. Die Augen werden wieder geöffnet und es wird gemeinsam überlegt, was weggenommen wurde.
- Die Anordnung der fünf bis zehn Gegenstände wird festgelegt, z. B. alle in einer Reihe. Alle schließen wieder die Augen. Ein Mitspieler verändert die Anordnung der Reihenfolge, indem er zwei Dinge vertauscht. Alle Augen werden wieder geöffnet und die Frage gestellt: Was wurde vertauscht?

Wahrnehmungsspiele

Ich sehe was, was du nicht siehst …

Schwierigkeitsgrad:	einfach
Spielmaterial:	keines
Gruppengröße:	2–20 Mitspieler

Spielverlauf

Alle Teilnehmer sitzen im Kreis. Ein Mitspieler beginnt, indem er sich einen Gegenstand im Raum aussucht, diesen aber nicht mitteilt. Er benennt lediglich die Farbe: „Ich sehe was, was du nicht siehst, und das ist rot." Sofort beginnen alle anderen, nach roten Dingen in der Umgebung zu suchen und den richtigen Gegenstand zu erraten. Ist das gelungen, kommt der nächste an die Reihe. Der sucht sich wieder einen Gegenstand im Raum, dessen Farbe er bekannt gibt, und die Gruppe versucht, ihn zu finden. Es werden so viele Runden gespielt, wie es der Gruppe Spaß macht.

Spielvarianten

- Es wird **einfacher**, wenn in einem Beutel verschiedenfarbige Kärtchen oder Karten, auf denen eine Farbe steht, angeboten werden. Der erste Mitspieler in der Runde zieht eine Karte aus dem Beutel, beispielsweise eine grüne, und teilt diese der Gruppe laut und deutlich mit. Anschließend machen sich alle Mitspieler auf die Suche nach Sachen in der genannten Farbe, indem sie sich intensiv im Raum umsehen. Wird etwas entdeckt, wird es laut benannt. Die Suche ist beendet, wenn möglichst viele Dinge gefunden sind oder keiner trotz intensiven Herumschauens mehr etwas entdecken kann.
- Etwas **schwieriger** wird es, wenn anstelle von Farben nach Anfangsbuchstaben gesucht wird. In diesem Fall wird ein Beutel mit Buchstaben angeboten, aus dem ein Teilnehmer einen zieht und den anderen mitteilt. Alle Spieler versuchen, im Raum Dinge zu finden, die mit diesem Buchstaben anfangen, und benennen diese laut. Ist wenigstens ein passender Gegenstand gefunden worden, zieht ein weiterer Teilnehmer den nächsten Buchstaben und die Suche beginnt von Neuem. So kann man sich durch das gesamte Alphabet arbeiten. Manche Buchstaben sind ganz schön schwierig.
- Ein **Wettspiel** entsteht, wenn jeder Stift und Papier erhält und sich allein auf die Suche macht. Die Spieler haben eine halbe oder eine ganze Minute Zeit, Gegenstände zu finden und zu notieren. Am Schluss werden die Ergebnisse verglichen.

Ich sehe was, was du nicht siehst ...

* Eine andere Variante besteht darin, eine größere Anzahl sehr gemischter **Bilder oder Gegenstände** so auf dem Tisch oder dem Fußboden auszulegen, dass sie von allen gut gesehen werden. Die Spielweise erfolgt wie oben in der Grundversion beschrieben oder es wird anstelle der Farbe oder des Anfangsbuchstabens ein anderer Hinweis gegeben. Die Suche nach dem Gegenstand erfolgt nicht im Raum, sondern unter den Bildern oder Gegenständen auf dem Tisch oder dem Boden. Diese Variante bietet sich vor allem für Senioren an, die sich nicht mehr ohne Weiteres im Raum umsehen können, entweder weil die Sehkraft nachgelassen hat und die Dinge im Raum zu weit entfernt sind oder sie Kopf und Körper nicht mehr ausreichend drehen können, um auch Gegenstände hinter sich wahrzunehmen.

Vergessen Sie nicht, auch die Mitspieler genau zu betrachten. An Kleidung, Schmuck und Körperteilen gibt es beispielsweise viel zu entdecken. Es können auch die Vornamen der Anwesenden gelten. Oder Sie helfen sich mit einer anderen Bezeichnung, beispielsweise für Flasche Wasser- oder Saftflasche, statt Jacke Strick- oder Wolljacke, statt Anzugjacke Jackett usw.

Teilansichten

Schwierigkeitsgrad:	einfach, je nach Bild
Spielmaterial:	Kalenderbilder, Poster, Postkarten, Bilder aus Zeitschriften mit sehr konkreten Darstellungen einer Person, eines Tieres, einer Pflanze oder eines Gegenstands
Gruppengröße:	2–12 Mitspieler
Vorbereitung:	Die Bilder werden je nach Bedarf in vier bis zwölf gleich große Teile zerschnitten.

Spielverlauf

Die Teilnehmer sitzen im Kreis. Ein Spielleiter wählt einen nicht zu eindeutigen Bildausschnitt aus und reicht ihn herum. Die Gruppe überlegt, was auf dem Gesamtbild abgebildet sein könnte. Zur weiteren Anregung oder auch zur Bestätigung der genannten Ideen werden weitere Teile des Bildes herumgegeben. Ist die Abbildung endgültig erkannt und bestätigt, können alle Teile zum kompletten Bild zusammengelegt werden.

Spielvarianten

* Das Bild wird nicht zerschnitten, sondern abgedeckt. Dazu wird ein der Größe des Bildes entsprechender Fotokarton in vier bis zwölf lange Streifen, Rechtecke oder beliebig geformte Teile zerschnitten, die auf das Bild gelegt werden. Nach und nach wird ein Stück Fotokarton nach dem anderen entfernt und jedes Mal neu überlegt, was unter dem Rest der Abdeckung verborgen sein könnte.
* Die Abdeckung wird in sechs Teile zerschnitten und entsprechend nummeriert. Dann kann gewürfelt und der Teil der Abdeckung mit der entsprechenden Augenzahl entfernt werden.
* Postkarten oder andere Bilder, beispielsweise leere Samentüten, können mit einer Schablone abgedeckt und in eine entsprechend große Plastikhülle geschoben werden. Die Schablone besteht aus einer Karteikarte oder einem Stück Tonkarton in der Größe des Bildes mit einem runden oder länglichen Ausschnitt. Der so sichtbare Bildausschnitt wird herumgereicht, sodass sich jeder ein Bild machen und überlegen kann, was dahintersteckt.
* Beschäftigt sich die Gruppe mit dem Thema „Städtereisen“, können anstelle von Bildausschnitten auch Ausschnitte aus alten Stadtplänen – am besten auf dem

Teilansichten

Kopierer etwas vergrößert – mit bekannten Straßen und Plätzen angeboten werden, z. B. von Berlin, München, Düsseldorf oder Frankfurt. Wer erkennt, um welche Städte es sich handelt?

* Ähnlich wie die Bilder lassen sich auch Wörter mit sechs Buchstaben freiwürfeln. Das Wort wird in sehr großen Druckbuchstaben mit etwas Abstand zueinander auf ein Flipchart geschrieben. Darüber wird ein Flipchart-Blatt gehängt, das von unten senkrecht in sechs Streifen zerschnitten wird, die oben noch an einem ca. zehn Zentimeter breiten Stück zusammenhängen, sodass sechs Klappen entstehen, die geöffnet und nach oben umgeschlagen werden können. Die Streifenbreite muss der Breite der Buchstaben entsprechen. Die einzelnen Streifen werden von „1" bis „6" nummeriert und verdecken das Wort. Reihum wird dann gewürfelt und die nummerierten Streifen nacheinander geöffnet. Nach dem Freilegen eines jeden Buchstabens kann die Gruppe überlegen, um welches Wort es sich handelt.
  Sollen mehrere Wörter geraten werden, können alle Begriffe (immer mit sechs Buchstaben) gleich groß als Liste untereinandergeschrieben werden. Die unteren Wörter werden mit einem weiteren Blatt verdeckt, das beidseitig mit zwei großen Büro- oder Wäscheklammern befestigt wird. Nur das oberste Wort bleibt sichtbar hinter den Papierstreifen.
  Ist der erste Begriff erraten, rutscht das Deckblatt eine Zeile tiefer. Das geratene Wort wird deutlich durchgestrichen, damit es nicht mehr irritiert.

Wie schwierig sich das Spiel gestaltet, hängt maßgeblich vom Bild ab und kann absolut unterschiedlich sein. Es gibt Motive, die sehr einfach zu erkennen sind, andere können in der Teilansicht echte Rätsel aufgeben. Die Auswahl des Bildmaterials ist der Leistungsfähigkeit der Gruppe entsprechend vorzunehmen.

Bildbetrachtung

Schwierigkeitsgrad:	einfach, je nach Bild
Spielmaterial:	1 etwas detaillierteres Bild, Stift und Papier für jeden Mitspieler oder jedes 2er-Team
Gruppengröße:	2–12 Mitspieler
Vorbereitung:	Machen Sie eine Kopie des Bildes für jeden Mitspieler oder jedes 2er-Team.

Spielverlauf

Alle Mitspieler sitzen im Kreis. Wenn jeder Mitspieler oder jedes 2er-Team mit Schreibmaterial und dem Bild versorgt ist, versuchen alle, möglichst viele Details aus dem Bild aufzulisten. Sieht man vordergründig z. B. eine Großmutter mit Enkelkind, dann sollen alle erkennbaren Details notiert werden: Großmutter, ältere Frau, Kleinkind, Mädchen, wird im linken Arm der Großmutter gehalten, roter Anorak, Reißverschluss, Kordel, Wollschal, gestrickte Bommelmütze, die Farben: rot, braun, blau, weiß ..., Handschuhe, Augenfarbe, Haarfarbe, rote Wangen, aufmerksamer Blick ins Weite, Mund ist offen, wie staunend, Mantel der Großmutter, Stoff, Knöpfe, Wolltuch, Muster, Augen, liebevoller Blick auf das Kind, Augenbrauen, Wimpern, Haarfarbe, Locke in der Stirn, Kappe, evtl. mit Pelzbesatz, Ohrringe, Ohr, gerade Nase, blasse Lippen, Stirn, Falten, Lächeln, Hand ohne Handschuh, Ehering, gepflegte Fingernägel, Sonnenschein, Wolken, Zweige ... Eben alles, was man sehen kann. Optimal ist es, wenn die Begriffe alphabetisch nach ihren Anfangsbuchstaben aufgeschrieben werden. Das erleichtert die Übersicht über bereits gefundene Wörter und einen späteren Vergleich mit den Ergebnissen der anderen Spieler. Haben alle ihre Liste abgeschlossen, werden die Beobachtungen gezählt und auf Wunsch verglichen. Ziel des Spiels ist die bewusste, sehr genaue und detaillierte visuelle Wahrnehmung.

Spielvarianten

- Es dürfen nur Hauptwörter, Adjektive oder Verben gesucht werden.
- Anstelle beliebiger Wörter werden welche in alphabetischer Reihenfolge gesucht: ein Wort mit dem Anfangsbuchstaben A, eines mit B, eines mit C ... Meist können nicht alle Buchstaben des Alphabets bedient werden. Mit welchen Buchstaben können Begriffe entdeckt werden und mit welchen nicht? Wo kann

Bildbetrachtung

man sich mit einem anderen Ausdruck helfen, um einen weiteren Buchstaben zu bedienen? Und wer findet die meisten Wörter?

* Sogenannte Wimmelbilder eignen sich oft auch gut für die Suche nach Tätigkeiten oder Eigenschaften. Sie sollten jedoch nicht zu kleinteilig und die Details gut und eindeutig erkennbar sein.
* Alternativ werden möglichst viele Wörter mit einem bestimmten Buchstaben gesucht. Auf einem Bild mit einer Straßenszene sieht man vielleicht den Himmel, einen Halbstarken, einen Hund, eine Haltestelle, ein Hotel, einen Hotelgast, einen Handkoffer, Handtaschen, Hosen, Halbschuhe, den Hals eines Passanten oder Hände ...

Sehr detaillierte Bilder, wie Wimmelbilder, sind für ***Menschen mit Demenz*** *verwirrend. Für sie sollten einfachere, eindeutige Bilder gewählt werden mit guten Kontrasten, auf denen nichts verschwommen ist und sich Motive nicht überlagern.*

Unterschiede finden

Schwierigkeitsgrad:	einfach
Spielmaterial:	kleine durchsichtige, verschließbare Plastiktüten oder -dosen, verschiedene, möglichst ähnlich aussehende Substanzen, wie Zucker, Hagelzucker, Salz, Weizenmehl, Kartoffelmehl, Vollkornmehl, Backpulver oder Waschpulver
Gruppengröße:	2–12 Mitspieler
Vorbereitung:	Befüllen Sie die Tüten oder Dosen mit je 1 Esslöffel von den Substanzen; es empfiehlt sich, die Tüten oder Dosen zu nummerieren, um den Inhalt später eindeutig identifizieren zu können.

Spielverlauf

Die Gruppe sitzt in einer Runde und die Tütchen werden herumgereicht. Die Gruppenmitglieder sollen die Substanzen jetzt nur anhand des optischen Eindrucks unterscheiden und erkennen. Erfahrene Hausfrauen wissen um die typische Färbung, Körnung und Konsistenz der Substanzen. Wurden alle erkannt, kann überlegt werden, was man mit ihnen machen kann und welche nicht zu den anderen passt.

Spielvarianten

- Es können auch verschiedene Getreidekörner genutzt werden: Weizen, Roggen, Hafer, Gerste, Reis, Mais, Buchweizen, Hirse oder griechische oder türkische reisförmige Nudeln, mit der anschließenden Überlegung: Was gehört nicht zu den anderen und/oder aus welchem Getreide wird was hergestellt?
- Verwenden Sie lockere Blumenerde, Torf, festere Erde aus dem Garten oder von einem Acker, Sand, feinen Kies, Tannennadeln, Erde aus dem Wald und Moos. Was findet man wo?
- Präsentieren Sie in Dosen verschiedenste Schrauben, Nägel, Muttern und ähnliche Utensilien.
- Ohne Verpackung eignen sich auch unterschiedliche Stoffe: Leinen, Nessel oder anderes Baumwolltuch, Seide, Wollstoff, Tüll, Brokat, Gardinenstoff, Bibertuch, Cord, Samt, Krepp, Stramin …
- Oder Sie zeigen Garne: Nähgarn, Zwirn, Nähgummi, Strickwolle, Baumwollgarn, andere Effektgarne zum Stricken, wie Bändchengarn oder Bouclé, Twist, Perlgarn. Was fällt Ihnen noch ein?

Was passt zusammen?

Schwierigkeitsgrad:	sehr einfach
Spielmaterial:	größere Anzahl von Gegenständen, die eindeutig paarweise zusammengehören, z. B. Schrauben und Muttern, Laubblätter und ihre Früchte, Döschen, Gläschen oder Schachteln und ihre Deckel, Verschlüsse: Haken und Ösen, Knöpfe und Knopflöcher, die beiden Hälften eines teilbaren Reißverschlusses, die beiden Teile von verschiedenen Gürtelschnallen, Druckknopfhälften, 2 Schuhbänder ...
Gruppengröße:	2–6 Mitspieler

Spielverlauf

Die Dinge werden, gut gemischt, in der Mitte eines Tisches ausgebreitet. Alle Mitspieler sitzen um den Tisch herum und versuchen einer nach dem anderen, zwei Gegenstände zu finden, die eindeutig zusammengehören, und diese, soweit möglich, zusammenzulegen.

Spielvarianten

* Gegenstände, die durch ihren Verwendungszweck zusammengehören: Häkelnadel und Wolle, Bleistift und Radiergummi, Briefmarke oder -papier und Briefumschlag, Zahnbecher und Zahnpasta, Lockenwickler und Kamm, Teelicht und Streichholzschachtel, ein Stück Wäscheleine und Wäscheklammer, Seife und Seifenlappen, Stickmaterial, wie Stramin, und Stickgarn, Löffel und Gabel, Schraube und Schraubendreher, Deckel von einem Einmachglas und Einmachgummi, Schloss und Schlüssel ...
* Gleich zu gleich gesellt sich gern: Aus einer größeren Menge werden gleiche Knöpfe für ein Kleidungsstück, gleiche Schrauben, gleiche Schlüssel usw. herausgesucht.
* Imaginäres Kochen: Auf kleine Kärtchen werden viele verschiedene Koch- und Backzutaten geschrieben, die dann offen auf dem Tisch ausgelegt werden. Reihum überlegt sich jeder Mitspieler ein einfaches Rezept (Waffeln, Rührei, Bauernfrühstück ...), nimmt die dazu benötigten Zutaten an sich und stellt entweder der Gruppe seine Speise und deren Zubereitung vor oder lässt die Gruppe raten, was er kochen möchte.

Fühlsack oder -kiste

Schwierigkeitsgrad:	einfach
Spielmaterial:	verschiedene Gegenstände, die durch Ertasten erkannt werden können, mehrere Beutel oder Fühlkisten; Beispiele finden Sie auf der nächsten Seite
Gruppengröße:	2–12 Mitspieler
Vorbereitung:	Fühlkisten können hergestellt werden, indem in eine schmale Seite eines Schuhkartons ein Loch geschnitten wird, durch das man mit der Hand hineingreifen kann. Von innen wird über dem Loch ein Stoffstück so angeklebt, dass das Loch zugehängt ist und man noch ungehindert hineingreifen, aber nicht mehr hineinsehen kann. Je nach Materialbeschaffenheit der zu erfühlenden Dinge eignet sich entweder ein Beutel oder eine Kiste. Einzeln oder zu mehreren, wie drei Buchstaben, die das Wort „gut" ergeben, oder Nüsse, die zu zählen sind, werden die Sachen eingefüllt und die Behältnisse zunächst verschlossen. Sollen sehr viele Gegenstände angeboten werden z. B. bei einer größeren Gruppe für jeden einer, der nach dem Erkennen herausgenommen wird, oder mehrere Teile, die zusammengehören, beispielsweise ein Kegelspiel, das auf Vollständigkeit überprüft werden soll, ist ein entsprechend großer Karton, ein Korb oder eine Schüssel eher geeignet. Alle Gegenstände werden hineingelegt und mit einem großen Tuch abgedeckt.

Spielverlauf

Entweder sitzen die Gruppenmitglieder im Kreis an einem Tisch und die befüllten Beutel oder Kisten werden herumgereicht, sodass jeder einmal hineingreifen und tasten kann, oder die Beutel und Kisten werden ähnlich einem Parcours auf Tischen im Raum verteilt und die Mitspieler gehen von Station zu Station und greifen abwechselnd hinein. Werden Beutel verwendet, kann auch zur Auflage gemacht werden, dass nur von außen befühlt und nicht hineingegriffen werden darf. Die Spieler sollten bei allen Spielvarianten unbedingt aufgefordert werden, über ihre Erkenntnisse Stillschweigen zu bewahren, damit andere nicht beeinflusst werden und

Fühlsack oder -kiste

eigenständig überlegen können. Notfalls sollten die Mitspieler ihre Erkenntnisse notieren, um sie nicht zu vergessen. Hat jeder in jeden Beutel oder jede Kiste hineingefühlt, tauschen die Spieler ihre Erfahrungen untereinander aus.

Beispiele für Fühlbares

- **Alltagsgegenstände:** Korken, Knöpfe, Löffel, Garnrollen, Schrauben ...
- **Hülsenfrüchte:** Trockenerbsen, Linsen, verschiedene Bohnensorten, Reis ...
- **Obst:** fester Apfel, feste Birne, Orange, Mandarine, Ananas, feste Banane ...
- **Nüsse:** Erd-, Wal-, Para-, Hasel-, Kokosnuss oder Mandeln ...
- **Materialien:** Holz, Metall, Kunststoff, Stoff, Leder, Stein, Gummi ...
- **Stoffe:** Samt, Seidentuch, Wollstoff, Jersey, Plüsch, Cord, Spitze ...
- **Tierisches:** Leder, Fell, Wolle, Feder, Seidentuch, Schneckenhaus, Muschel ...
- **Zahlen oder Buchstaben** aus Holz oder Kunststoff
- **Münzen**

Spielvarianten

- Drei Erdnüsse und sieben Haselnüsse werden in einen Beutel gelegt und müssen, ohne hinzuschauen, unterschieden und gezählt werden.
- Plastische Zahlen aus Holz oder Kunststoff können hintereinander einzeln in Beuteln herumgereicht und jeweils addiert werden.
- Plastische Buchstaben aus Holz oder Kunststoff können einzeln in Beuteln in einer Reihenfolge herumgereicht werden, in der sie ein Wort ergeben.
- Die Buchstaben eines Wortes mit fünf oder sechs Buchstaben werden gemeinsam in einen Beutel gegeben. Wenn die Bedeutung aller Buchstaben erkannt ist, wird der Beutel weitergereicht und die Buchstaben aufgeschrieben. Anschließend wird versucht, aus den Buchstaben ein Wort zu bilden.
- Große Gegenstände, wie ein Wasserkessel oder ein großes Plüschtier, können mit einem Tuch zugedeckt oder in einen Kopfkissenbezug gesteckt und dann von außen befühlt werden.

> *Scharfkantiges oder Spitzes ist unbedingt zu vermeiden!*
> *Je konkreter ein Gegenstand (z. B. ein Apfel) ist, desto einfacher ist er zu erfühlen.*

Fühl-Memo-Spiel

Schwierigkeitsgrad:	einfach
Spielmaterial:	kleine Stoffbeutel, unterschiedlichste Gegenstände in doppelter Ausführung, die sich gut ertasten lassen
Gruppengröße:	2–12 Mitspieler
Vorbereitung:	Jeder Beutel wird mit einem Gegenstand befüllt, sodass immer zwei Beutel den gleichen Inhalt haben. Die befüllten Beutel werden in den Korb oder Kasten gegeben und gut gemischt.

Spielverlauf

Der Korb oder Kasten wird einem Spieler übergeben, der durch Ertasten zwei Beutel mit gleichen Befüllungen sucht. Ist ihm das gelungen, versucht er, zu erraten, was in den Beuteln ist. Zur Kontrolle reicht er die Beutel herum, sodass die anderen seine Einschätzung bestätigen oder widerlegen können. Eine eindeutige Klärung kann abschließend durch einen Blick in den Beutel erlangt werden. Sind die Inhalte wirklich gleich, nimmt der Spieler die beiden Beutel an sich und reicht den Korb an den nächsten Spieler weiter. Der versucht ebenfalls, zwei Beutel mit gleichem Inhalt zu finden.

Beispiele für mögliche Inhalte

Radiergummis, große Büroklammern, größere Knöpfe, auch mehrfach mit verschiedenen Formen (z. B. zwei flache, runde, zwei kugelige, zwei Knebelknöpfe), Lockenwickler, Flaschenverschlüsse, Schraubdeckel, Wäscheklammern, kleine Löffel, Garnrollen, dicke Wattebäusche, Knäuel aus Papier, dicke Schrauben, große Muttern, ein Stück Kabel, Nüsse, formgleiche Kieselsteine ...

Spielvarianten

* Alternativ zur Grundversion kann der erste Spieler auch nur einen Beutel aus dem Korb oder Kasten ziehen und ihn weitergeben mit der Bitte, den Beutel gleichen Inhalts zu suchen. Anschließend zieht der zweite Spieler einen Beutel für den nächsten, der dann wiederum das Gegenstück finden muss.
* Sehr viel **schwieriger** ist es, wenn die Beutel wie bei einem Memo-Spiel in einem Raster mit Längs- und Querreihen auf dem Tisch ausgelegt werden. Reihum hat jeder einen Versuch, zwei Beutel zu nehmen und den Inhalt nur durch

Fühl-Memo-Spiel

Fühlen zu vergleichen. Sind zwei gleiche gefunden, erfolgt zur Bestätigung ein Blick in die Beutel, der Spieler kann sie an sich nehmen und darf noch einen Versuch starten. Stimmt der Inhalt der Beutel nicht überein, legt er die Beutel an ihren Platz zurück. Sie sollten möglichst nicht durcheinandergeraten. Als Merkhilfe können die Beutel auch deutlich sichtbar durchnummeriert werden.

- Die zusammengehörenden Beutelpaare werden getrennt. Die eine Hälfte wird in einer langen Reihe ausgelegt. Die andere wird zuerst gut gemischt, damit sich eine andere Reihenfolge der Inhalte ergibt, und dann ebenfalls parallel zu der ersten Reihe angeordnet. Die Spielweise ist dieselbe wie bei der ersten Variante. Auf diese Weise ist die Orientierung etwas **leichter**, da aus jeder Reihe ein kleiner Beutel genommen werden kann.
- Die zusammengehörenden Paare werden getrennt. Die eine Hälfte wird in einen Korb oder Kasten gelegt, die andere so an die Mitspieler verteilt, dass alle gleich viele haben. Dann zieht ein Spieler einen Beutel aus dem Korb und prüft nur durch Fühlen, ob dieser mit einem der vor ihm liegenden ein Paar ergibt. Ist das – nach Sichtkontrolle – der Fall, legt er das Paar zur Seite. Stimmen die Inhalte nicht überein, wird der Beutel aus dem Korb herumgegeben. Jeder Mitspieler überprüft, ob er das Gegenstück dazu hat. Ist es gefunden, entnimmt der nächste Spieler dem Korb einen weiteren Beutel und das Suchen und Vergleichen geht von vorn los.

!

Das Spiel ist auch mit anderen Inhalten, wie Körnern, Hülsenfrüchten und Sand, reizvoll. Doch dann werden Beutel benötigt, die vollkommen verschlossen sind, damit nichts rieseln kann. Notfalls werden die Beutel zugenäht. Eine Sichtkontrolle ist dann allerdings nicht mehr möglich.

Fühl-Domino

Schwierigkeitsgrad:	einfach
Spielmaterial:	28 stabile Pappkärtchen aus Plakatkarton, in der Form eines Dominosteins, aber etwas größer, und 7 verschiedene Gegenstände in 8-facher Ausführung, die flach und gut zu erfühlen sind, 1 Beutel *Beispiele für Dinge, die auf die Karten geklebt werden können:* Knöpfe, Druckknöpfe, Einmachgummis, Samt, Cord, Schmirgelpapier, Sackleinen, Spitze, Unterlegscheiben, Dichtungsringe, Wellpappe, Gestricktes ...
Gruppengröße:	2–6 Mitspieler
Vorbereitung:	Jeweils rechts und links werden die Dinge auf den Karten aufgeklebt. Die Anordnung der Gegenstände sollte der Zahlenverteilung eines Dominospiels entsprechen: Sieben Karten werden jeweils rechts und links mit dem gleichen Gegenstand beklebt. Auf den übrigen Karten wird nun jeder Gegenstand einmal mit jedem anderen kombiniert, z. B. auf sechs Karten links ein Stück Wolle und jeweils rechts eines der anderen Dinge. Dann auf fünf Karten links z. B. Samt und rechts alles andere außer Wolle, da die Kombination schon vorhanden ist. Nun 4-mal Knöpfe kombiniert mit allem außer Wolle und Samt usw. Die fertigen Karten werden in den Beutel gegeben (vgl. Abb. auf S. 50).

Spielverlauf

Die Mitspieler sitzen um einen Tisch, dessen Mitte sie gut erreichen können. Der erste Spieler erhält den Beutel und entnimmt eine Karte, die er auf dem Tisch auslegt. Dann reicht er den Beutel an seinen linken Nachbarn weiter, der nun versuchen muss, in dem Beutel nur durch Ertasten eine Karte zu finden, die er anlegen kann. Er muss also einen aufgeklebten Gegenstand finden, der der rechten oder linken Seite der ausliegenden Karte entspricht. Ist das gelungen, legt er diese Karte an. Hat er eine Karte gezogen, die nicht angelegt werden kann, wird sie in den Beutel zurückgelegt und der Spieler gibt den Beutel an den nächsten weiter, der dann ebenso verfährt. Das Spiel endet, wenn der Beutel leer ist.

Deckel drauf

Schwierigkeitsgrad:	einfach
Spielmaterial:	unterschiedliche kleine Dosen, Schraubgläser, Parfümflaschen, Schachteln und ähnliche Behälter mit Deckeln und Verschlüssen, 1 Beutel
Gruppengröße:	2–12 Mitspieler
Vorbereitung:	Alle Deckel und Verschlüsse werden in einen Beutel gegeben.

Spielverlauf

Die offenen Behälter werden auf dem Tisch ausgebreitet, sodass alle sie gut sehen können. Ein Spieler erhält den Beutel und hat die Aufgabe, zu einer von ihm gewählten Dose, Flasche oder Schachtel den richtigen Verschluss herauszusuchen – allerdings ohne in den Beutel zu sehen, nur durch Fühlen. Hat er sich für einen Deckel oder Verschluss entschieden, nimmt er ihn aus dem Beutel, dann vom Tisch den vermeintlich zugehörigen Behälter und probiert, ob beides zusammenpasst. Passt der Deckel nicht, wird er wieder in den Beutel gelegt. Ansonsten verbleibt er auf dem Gefäß und beides bei dem Spieler. Anschließend wird der Beutel weitergegeben und der nächste ist an der Reihe.
Sind alle Behälter verschlossen, wird überlegt, was einmal der Inhalt gewesen sein könnte und wofür die Behälter vielleicht typisch sind.

Spielvarianten

- Ein Deckel wird von einem Spieler ertastet und dieser gibt der Gruppe einen oder mehrere Hinweise darauf, welches Gefäß dazugehört. Die anderen Mitspieler versuchen, das richtige Behältnis zu finden.
- Das Spiel läuft genau umgekehrt: Die Deckel und Verschlüsse liegen auf dem Tisch und die Behälter in einem Kasten, der mit einem Tuch abgedeckt ist.
- Ist das blinde Ertasten zu schwierig, können die Verschlüsse in eine Kiste gelegt werden, aus der die entsprechenden herausgesucht werden.
- Die Behälter werden nach Material, Form oder Verwendungszweck (Wo war Flüssiges drin? Wo war Essbares drin?) sortiert.

Scharfkantiges ist unbedingt zu vermeiden!

Stille Post mit Berührung

Schwierigkeitsgrad:	einfach
Spielmaterial:	keines
Gruppengröße:	2–20 Mitspieler
Vorbereitung:	Die Senioren sitzen so, dass sie den Rücken des linken Nachbarn erreichen können.

Spielverlauf

Der Spielleiter schreibt mit dem Zeigefinger eine Zahl oder einen Buchstaben groß auf den Rücken des ersten Mitspielers. Dieser versucht, die Zahl oder den Buchstaben zu erkennen, und gibt die Information still weiter, indem auch er mit dem Finger auf den Rücken des linken Nachbarn oder Vordermannes schreibt, der wiederum auf den Rücken seines Nachbarn schreibt usw. Hat die Information den letzten Mitspieler erreicht, wird geklärt, ob sie richtig angekommen ist.

Spielvarianten

- Auf diese Weise lassen sich auch **einfache Bilder** (Herz, Ei, Blume, Kreuz) herumschicken.
- **Wesentlich schwieriger** wird es, wenn **Wörter oder Sätze** versandt werden. Dann ist darauf zu achten, dass jeder Buchstabe einzeln losgeschickt wird. Erst wenn ein Buchstabe etwa beim fünften Vordermann angekommen ist, kann der nächste abgesandt werden. Das Ende eines Wortes wird durch Wischen des Rückens signalisiert.

Viele Senioren genießen die Berührung, für andere ist sie tabu. Klären Sie vor dem Spiel unbedingt die Akzeptanz.

Wenn Sie ein Wort oder einen Satz weitergeben, weisen Sie deutlich daraufhin, dass man sich alle Informationen merken und aneinanderfügen muss. Ich habe noch keine Gruppe erlebt, bei der ein auch noch so kurzer Satz durchgekommen wäre. Aber es hat immer Spaß gemacht!

Auch zu zweit kann das Spiel viel Spaß machen. Die erhaltene Information lässt sich nur nicht weitergeben, sondern wird sofort erraten.

Der Erbsenpool

Schwierigkeitsgrad:	einfach
Spielmaterial:	1 tiefe Schüssel oder 1 kleiner Eimer zu ⅔ gefüllt mit Trockenerbsen, kleine Gegenstände, wie Münzen, Schraubverschlüsse aus Plastik, Knöpfe, 1 großes Tuch
Gruppengröße:	2–12 Mitspieler, gut geeignet für einen Parcours

Spielverlauf

Die kleinen Gegenstände werden mit den Erbsen gut gemischt und unter die Oberfläche gedrückt. Anschließend wird ein Tuch über die Schüssel gedeckt. Der erste Teilnehmer greift unter das Tuch und versucht, irgendeinen der Gegenstände zwischen den Erbsen zu finden. War er erfolgreich, kann der nächste sein Glück versuchen. Da die Fingerspitzen durch die Berührung mit den vielen Erbsen irritiert werden, ist es oft nicht einfach, etwas anderes zu erkennen.

Spielvarianten

- Eine solche Aktion ist gut als **Einstieg in ein bestimmtes Thema** für eine Gruppenstunde geeignet, wenn die Gegenstände thematisch zusammengestellt werden. Es werden beispielsweise Knöpfe untergemischt, die sich in Form und Material unterscheiden. Sind die Knöpfe gefunden worden, kann überlegt werden, um welches Thema es im Weiteren gehen könnte, hier eben Knöpfe. Anschließend wird vielleicht überlegt, welche Arten von Knöpfen es gibt (vgl. „Wer kennt sich aus?", S. 82). Es können Spiele folgen wie „Knobeln mit Knöpfen" (vgl. „Knobeln mit Streichhölzern", S. 51) und „Boccia" (vgl. S. 183).
  Mögliche weitere Themen: „Spiele" mit verschiedenen Spielfiguren oder -materialien, „Süßes" mit gut verpackten Bonbons, Schokoladenstückchen oder kleinen Keksen, „Geld" mit verschiedenen Münzen
- Das Angebot erfolgt im Rahmen eines **Sinnesparcours** (vgl. auch „Mit allen Sinnen", S. 156).

> *Als Gegenstände eignen sich auch Mühlesteine, große Murmeln, kleine Figürchen, Ringe, Unterlegscheiben, stumpfe Schrauben, Muscheln, Schneckenhäuser, Kieselsteine. Wichtig ist es, darauf zu achten, dass die Teile keine scharfen Kanten oder Spitzen haben.*

Geräusche erzeugen

Schwierigkeitsgrad:	einfach
Spielmaterial:	Dinge, mit denen Geräusche erzeugt werden können
Gruppengröße:	2–12 Mitspieler
Vorbereitung:	Bauen Sie bei Bedarf einen Sichtschutz auf, hinter dem die Geräusche erzeugt werden.

Spielverlauf

Alle Gruppenmitglieder sitzen dem Spielleiter gegenüber. Sollten die Mitspieler bereit sein, ihre Augen zu schließen, kann auf den Sichtschutz verzichtet werden. Ansonsten positioniert sich der Spielleiter so, dass die Gruppe nicht sehen kann, womit er hantiert. Nebengeräusche werden möglichst ausgeschaltet und die Gruppe wird um absolute Ruhe gebeten. Der Spielleiter rasselt beispielsweise mit einem Schlüsselbund und wiederholt dies bei Bedarf. Die Gruppe gibt jedem Mitglied die Chance, das Geräusch zu identifizieren. Keiner sollte die Lösung sofort in den Raum rufen, sondern alle warten, bis jeder signalisiert hat, zu wissen, worum es geht. Erst dann wird aufgelöst, welches Geräusch es war. Nach und nach werden verschiedene Klänge erzeugt und erraten.

Beispiele für einfach zu erzeugende Geräusche

Papier zerknüllen, Papier zerreißen, ein Glöckchen läuten, einen Reißverschluss auf- und zumachen, einen Kugelschreiber betätigen, Wasser eingießen, in einem Buch blättern, würfeln, einen Stuhl rücken, eine Tür betätigen, getrocknete Erbsen ausgießen, eine halb leere Flasche schütteln, Münzen klappern lassen ...

Spielvarianten

- Instrumentalaufnahmen von bekannten Melodien vorspielen
- verschiedene Instrumente anspielen: Akkordeon, Blockflöte, Mundharmonika, Gitarre, Klavier oder auf dem Kamm blasen

Im Handel gibt es CDs mit Geräuschen von Tieren, Naturgeräuschen, Alltagsgeräuschen, von verschiedenen Fahrzeugen u. v. m., teilweise mit ergänzendem Bildmaterial.

Summ, summ, summ

Schwierigkeitsgrad: einfach
Spielmaterial: keines
Gruppengröße: 2–12 Mitspieler

Spielverlauf

Alle Mitspieler sitzen im Kreis. Nebengeräusche werden möglichst ausgeschaltet und die Gruppe wird um absolute Ruhe gebeten. Jeder überlegt sich ein bekanntes Lied, dessen Melodie er summen kann. Ist jemand nicht in der Lage, laut genug zu summen, kann die Melodie auch mit „lalala" gesungen werden. Ein Gruppenmitglied beginnt, eine Melodie zu summen, die anderen stimmen ein, sobald sie diese erkannt haben. Ist eine Strophe zu Ende gesummt, wird das Lied benannt und die erste Strophe noch einmal mit Text gesungen. Dann ist der Nächste an der Reihe und summt seine Melodie.

Spielvarianten

- Es wird zuvor vereinbart, dass der Vorsummer beispielsweise nur fünf Töne, nur eine Textzeile oder nur den Refrain summt.
- Ein Mitspieler summt eine Melodie an und verstummt. Ein anderer, der meint, sie erkannt zu haben, übernimmt und setzt sie kurz fort und lässt einen dritten übernehmen usw.
- Eine Melodie wird angestimmt und alle anderen klopfen den Rhythmus.
- Fällt es den Mitspielern schwer, genügend Lieder zu finden, sind Kärtchen mit Liedanfängen als Unterstützung hilfreich, aus denen sie wählen.
- Für geübte Sänger können die Kärtchen in einen Beutel gegeben werden, aus dem jeder Mitspieler dann blind eines mit dem Titel zieht, den er ansummt. Ist ein Lied nicht bekannt, darf ein zweites Kärtchen gezogen werden.
- Die Kärtchen werden auf dem Tisch für alle gut sichtbar ausgelegt. Ein Teilnehmer beginnt, eine Melodie zu summen, und die Mitspieler versuchen, den entsprechenden Titel unter den Kärtchen zu finden. Stimmen Melodie und Titel überein, wird das Kärtchen zur Seite gelegt.

Eine Liste mit Liedanfängen befindet sich im Anhang auf Seite 192.

Hör-Memo-Spiel

Schwierigkeitsgrad: einfach

Spielmaterial: 12–24 gleiche Dosen oder Schachteln und kleine Dinge, die Geräusche erzeugen, zum Befüllen
Beispiele zum Befüllen: Reis, Sand, Steinchen, Murmeln, Knöpfe, Schrauben, Muttern, Unterlegscheiben, Münzen, eingepackte Bonbons oder Schokoladenstückchen (die danach angeboten werden können!), ein Tischtennisball, geknülltes Papier mit viel Spielraum in der Dose, damit es sich frei bewegen kann, Radiergummis, Büroklammern, Wäscheklammern, Kaffeebohnen, getrocknete Bohnen, Figuren vom „Mensch ärgere Dich nicht", LEGO-Steine ...

Gruppengröße: 2–12 Mitspieler

Vorbereitung: Jeweils 2 Dosen oder Schachteln werden mit den gleichen Dingen einzeln oder sehr locker befüllt.

Spielverlauf

Nebengeräusche werden möglichst ausgeschaltet und die Gruppe wird um absolute Ruhe gebeten. Die Mitspieler sitzen um einen Tisch, auf dem die befüllten Dosen oder Schachteln in Längs- und Querreihen wie beim Memo-Spiel so angeordnet werden, dass sie jeder erreichen kann. Der erste Spieler beginnt, indem er zwei auswählt und diese nacheinander schüttelt. Anhand der Geräusche entscheidet er, ob die Inhalte gleich oder unterschiedlich sind. Sind sie gleich, wird der Inhalt durch Öffnen der Dosen überprüft. Hat er Recht, nimmt er die Dosen an sich. Sonst stellt er sie an die alten Plätze zurück. Die ursprüngliche Anordnung sollte unbedingt eingehalten werden. Als Merkhilfe können die Dosen zusätzlich deutlich sichtbar durchnummeriert werden. Anschließend ist der Nächste an der Reihe, wählt wieder zwei aus und verfährt ebenso.

© Velyr | Fotolia.com

Hör-Memo-Spiel

Bei sehr kleinen Gegenständen eignen sich einfache Pillendöschen oder Streichholzschachteln. Ansonsten lohnt es sich, über einen längeren Zeitraum im Haushalt leere, wiederverschließbare Verpackungen zu sammeln, wie Cremedosen, Röhrchen von Brausetabletten, Käseschachteln o. Ä., die dann aber einheitlich beklebt oder bemalt werden sollten, um Ablenkung durch die aufgedruckte Werbung auszuschließen. Werden durchsichtige Behälter, wie Schraubgläschen, eingesetzt, ist es ebenfalls notwendig, sie zu bemalen oder zu bekleben, da der Inhalt sonst visuell wahrgenommen werden kann.

Wichtig ist, dass die erzeugten Geräusche wirklich zu unterscheiden sind. In jedem Fall sollte bei der Befüllung eine Hörprobe erfolgen.

Spielvarianten

- Die Dosen werden so in zwei Reihen nebeneinander aufgestellt, dass jede Füllung in jeder Reihe steht, allerdings in der Reihenfolge komplett anders. Auf diese Weise ist die Orientierung etwas **leichter**, da die Paare getrennt sind und aus jeder Reihe eine Dose genommen wird. Anschließend wird gespielt wie oben.
- Die Dosenpaare werden getrennt. Die eine Hälfte wird in einer festen Reihe oder anderen Anordnung auf dem Tisch aufgestellt, die andere Hälfte an die Teilnehmer verteilt. Reihum nimmt dann jeder Mitspieler eine Dose vom Tisch und vergleicht das durch Schütteln erzeugte Geräusch mit dem seiner Dosen. Stimmen sie überein, werden die Dosen geöffnet und der Inhalt auf Richtigkeit überprüft. Passen die beiden Dosen zusammen, kann der Spieler sie an sich nehmen. Handelt es sich um verschiedene Geräusche oder Inhalte, wird die Dose vom Tisch wieder an ihren Platz zurückgestellt und der nächste ist an der Reihe.
- **Senioren mit Demenz** sollten die Gelegenheit erhalten, eine Dose zu wählen und so lange nach der passenden zweiten zu suchen, bis sie meinen, sie gefunden zu haben. Die Richtigkeit der Wahl wird durch Öffnen der Dosen überprüft.

Geschmacksache

Schwierigkeitsgrad:	einfach
Spielmaterial:	Geschmacksproben, Papier und Stifte für alle Mitspieler *Beispiele für Geschmacksproben:* Fruchtsäfte, Marmeladensorten, Schokoladensorten, Joghurtsorten, Frischkäsesorten, verschiedene Brotsorten, Apfelsorten ...
Gruppengröße:	2–12 Mitspieler

Spielverlauf

Verschiedene Geschmacksproben einer Kategorie werden angeboten. Jeder Mitspieler erhält die Gelegenheit, die Proben zu kosten. Dabei sollten die Eindrücke nicht sofort ausgetauscht werden, um jedem unbeeinflusste, eigene Erkenntnisse zu ermöglichen. Erst wenn jeder probiert hat, erfolgt der Austausch.

Spielvariante

Das Bearbeiten eines **Themas unter verschiedenen Aspekten** ermöglicht es, Sinnesübungen in einem Sinnzusammenhang anzubieten. Geht es beispielsweise um das Thema „Äpfel", könnte zunächst ein Apfel in einem Beutel erfühlt und damit das Thema gefunden, dann mit der linken Hand ein Apfel gezeichnet (vgl. „Die Linke im Einsatz", S. 127), anschließend Wörter mit Apfel gesucht werden. Oder es wird überlegt, was aus Äpfeln zubereitet werden kann. Auch Vorlieben für bestimmte Sorten sind interessant, zu diskutieren, unter der Frage: Welche Sorten gibt es überhaupt? Es können Apfelstückchen verschiedener Sorten angeboten und ein Geschmacksvergleich angestellt werden. Senioren kennen oft noch das Lied „In einem kleinen Apfel", das abschließend gesungen wird.

Da der visuelle Eindruck beim Essen nicht verhindert werden kann, ist es sinnvoll, ähnlich aussehende Produkte auszuwählen.

Vorsicht mit allergenen Stoffen. In jedem Fall sollten zuvor eventuelle Unverträglichkeiten abgeklärt werden!

Der richtige Riecher

Schwierigkeitsgrad: einfach

Spielmaterial: verschiedene Geruchsproben, Papier und Stifte für alle Mitspieler

Beispiele für Geruchsproben: Lavendel, Rose, Flieder, Maiglöckchen und andere Blumendüfte, 4711 und andere alte Parfüms (auch Herrendüfte, wie Tabac Original oder Hâttric Classic, nicht vergessen!), Zitrone, Orange, Erdbeeren, Banane und weitere Obstsorten, Senf, Nelken, Oregano und andere Gewürze (gut zerstoßen riechen sie oft intensiver), frische Kräuter, wie Thymian, Rosmarin, Basilikum oder Salbei, Kaffeebohnen, einige Teesorten, Schokolade ...

Gruppengröße: 2–12 Mitspieler

Vorbereitung: Geben Sie Geruchsproben zum Sichtschutz am besten in etwas Watte oder ein Stück Papiertaschentuch gewickelt in ein kleines Schraubglas.

Spielverlauf

Eine oder mehrere Geruchsproben werden herumgereicht oder in einem Parcours im Raum platziert. Jeder Mitspieler erhält die Gelegenheit, an den Proben zu riechen. Dabei sollte Wert darauf gelegt werden, dass die Eindrücke nicht sofort untereinander ausgetauscht, sondern vielleicht zunächst notiert werden, um jedem Teilnehmer unbeeinflusste, eigene Erkenntnisse zu ermöglichen. Erst wenn jeder alle Proben getestet hat, erfolgt der Austausch über die gewonnenen Eindrücke.

Sehr hilfreich kann es sein, wenn zu den Düften Abbildungen oder gegenständliche Originale präsentiert werden, denen die Düfte zugeordnet werden können. Werden Blumendüfte angeboten, können getrennt von den Riechgläschen die entsprechenden Blumenbilder ausgelegt werden. Mogelt man die Abbildung einer falschen Blume zusätzlich unter, entsteht eine weitere Denkaufgabe: Welcher Duft fehlt? Bei Parfümdüften sind zur Orientierung und Kontrolle die Flakons hilfreich, bei Kräutern Bilder oder frische Zweige usw.

Der richtige Riecher

Spielvariante

Das Beschäftigen mit einem **Thema unter verschiedenen Aspekten** ermöglicht es, Sinnesübungen in einem Sinnzusammenhang anzubieten. Geht es beispielsweise um „Kochen und Backen", könnte fiktiv ein Speiseplan für Montag bis Sonntag mit Drei-Gänge-Menüs erstellt, Geruchsproben von möglichen Zutaten (Gewürze, Kräuter) angeboten, weitere Zutaten mithilfe einer Alphabet-Liste gesucht (vgl. „ABC-Wörtersuche", S. 80) und Tätigkeiten aus dem Themenbereich pantomimisch dargestellt werden (vgl. „Scharade oder Pantomime", S. 66).

Andere Themenvorschläge: Blumen, Weihnachtsdüfte, Parfüms oder Badedüfte, Kräuter aus dem Garten, Obst, Gutes aus der Küche ...

Die Geruchsproben sind in einem kleinen Schraubglas gut aufgehoben, da Glas selbst geruchsneutral ist. Damit der Inhalt nicht gesehen wird, sind ein von außen beklebtes Glas, etwas Watte oder ein Stück Papiertaschentuch als Sichtschutz oder zur Aufnahme von Flüssigkeiten hilfreich. Das Glas wird jeweils nur für die Geruchsprobe geöffnet und dann sofort wieder verschlossen und weitergereicht. Werden mehrere Proben angeboten, empfiehlt es sich, die Gläser zu nummerieren, damit sie eindeutig benannt und zugeordnet werden können.

Vorsicht mit allergenen Stoffen, wie z. B. Parfüms. In jedem Fall sollten zuvor evtl. Unverträglichkeiten abgeklärt werden!

Mehr als vier oder höchstens fünf Geruchsproben nacheinander können meist nicht mehr unterschieden werden.

Überraschungspäckchen

Schwierigkeitsgrad:	einfach
Spielmaterial:	1 Schachtel mit beliebigem Inhalt, siehe den Tipp unten
Gruppengröße:	2–12 Mitspieler

Spielverlauf

Ein Spielleiter präsentiert die Schachtel als Mitbringsel für die Gruppe. Die Gruppe soll zunächst erraten, was darin sein könnte.

1. Reihum kann jeder aufgrund der Form und der Größe der Schachtel eine Vermutung äußern. Bei einer kleinen Gruppe sollte um mehrere Wortmeldungen von jedem gebeten werden. Bei kognitiv eingeschränkten Teilnehmern reicht vielleicht eine Idee. Sehr Fitte können mit etwas Fantasie 20 mögliche Inhalte und mehr finden.
2. Jeder bekommt die Schachtel einmal in die Hände gelegt, mit der Aufforderung, sehr vorsichtig zu sein und nicht zu schütteln. Es soll in der Schachtel nichts durcheinandergeraten. Insbesondere soll vermieden werden, dass ein Geräusch erzeugt wird. Nun gibt jeder aufgrund der neuen Information, nämlich des Gewichts, eine Einschätzung über den Inhalt ab.
3. Der Spielleiter nimmt anschließend die Schachtel und schüttelt sie vorsichtig, um ein Geräusch zu erzeugen. Noch einmal tut jeder seine Meinung zur Befüllung kund. Meist reduzieren sich die Ideen zum Inhalt nun auf wenige.
4. Bei einer geruchsintensiven Füllung kann der Spielleiter jetzt die Schachtel einen Spalt öffnen und jeden einmal kurz riechen lassen. Es sollte jedoch verhindert werden, dass jemand Einblick in die Schachtel erhält. Die Gruppe kann wiederum ein Votum für oder gegen die bisherigen Ideen zum Inhalt abgeben.
5. Die Schachtel wird geöffnet und das Geheimnis gelüftet. Der Inhalt wird zur weiteren Verwendung angeboten. Handelt es sich um Süßigkeiten, sind alle fünf Sinne angesprochen worden.

Als besonders reizvoll erweist sich immer eine schöne Geschenkschachtel, gefüllt mit Süßem, das zum Schluss angeboten wird. Optimal ist intensiv riechende Schokolade. Aber auch Spielmaterial, das anschließend eingesetzt wird, ist gut geeignet.

Mit allen Sinnen

Schwierigkeitsgrad: einfach
Spielmaterial: keines
Gruppengröße: 2–12 Mitspieler

Spielverlauf

Alle Mitspieler sitzen zusammen und werden dazu aufgefordert, sich ihre Umgebung genau anzusehen. Wer sitzt neben mir? Wer gegenüber? Was steht auf dem Tisch? Wie sieht der Raum aus? Anschließend werden alle gebeten, die Augen zu schließen und sich auf ihre anderen Sinne zu konzentrieren, zuerst auf das Gehör: Welche Geräusche sind im Raum? Welche dringen von außen herein? Dann geht es um das Gefühl: Wie sitze ich? Was spüre ich? Drückt oder kneift etwas? Was fühlt sich angenehm an? Nun liegt der Fokus auf dem Geruch: Ist etwas zu riechen? Zuletzt liegt der Schwerpunkt auf dem Geschmack: Schmeckt man etwas? Was? Die Teilnehmer sollten für jeden Sinn ausreichend Zeit bekommen, um den Empfindungen nachspüren zu können. Anschließend sollten sie sich kräftig räkeln, strecken und bei Bedarf herzhaft gähnen. Wenn alle geistig wieder in der Gruppe angekommen sind, können die Eindrücke ausgetauscht werden.

Insbesondere für Menschen mit vielen Einschränkungen ist es wichtig, immer wieder alle Sinne anzusprechen. Jeder Spaziergang kann zu einem Sinneserlebnis werden: Welche Geräusche sind zu hören? Fährt ein Pkw vorbei oder ein Traktor? Hört man Leute sprechen oder Vogelstimmen? Wie ist die Luft: warm, feucht, windig? Wonach riecht es: Abgase, Kuchen, Mittagessen? Kommt man an einem Rosenbusch vorbei, kann man daran riechen. Was gibt es zu sehen? Details, an denen wir meist achtlos vorübergehen, sollen benannt werden: die Gänseblümchen auf der Wiese, Vögel, herabgefallene Blätter, andere Personen ... Alles ist geeignet, Reize zu schaffen, Eindrücke zu gewinnen oder Erinnerungen zu wecken, und alles bietet Gesprächsstoff.
Viele solcher oder ähnlicher, sehr zufälliger Eindrücke lassen sich selbst bei einem Spaziergang über eine Station im Seniorenwohnheim gewinnen oder auch in eingeschränkter Form mit Bettlägerigen in ihrem Zimmer. Das Ziel ist: bewusst wahrnehmen und erleben! Vor allem die schönen und angenehmen Kleinigkeiten.

Mit allen Sinnen

Spielvarianten

- **Gutes mit allen Sinnen erleben!** Kaffee beispielsweise: Eine Handvoll Kaffeebohnen, in einer undurchsichtigen, kleinen Dose geschüttelt, ergibt ein Geräusch, das vielleicht einen ersten Hinweis auf den Inhalt gibt. In einem Beutel können die Bohnen erfühlt werden. Frische Bohnen riechen intensiv, wenn sie zerstoßen werden. Einige ganze Bohnen können auf einen hellen Untergrund gestreut, ihre Menge zunächst geschätzt und dann ohne Sortieren nur durch konzentriertes Sehen gezählt werden. Wurde richtig geschätzt? Wer war am nächsten dran? Und dann kann noch eine gute Tasse Kaffee genossen, über Kaffeegeschmack und damit verbundene Gewohnheiten gesprochen werden!
  Oder Sie nehmen Schokolade: Eine Tafel durch Tasten erkennen, mit geschlossenen Augen das Knacken hören, den Geruch bewusst wahrnehmen, dann die Tafel ansehen usw. Wem läuft dabei nicht das Wasser im Mund zusammen? Und um welche Geschmacksrichtung handelt es sich? Wer mag welche Sorte besonders gern?

> *Die Riechproben zum Sichtschutz am besten in etwas Watte oder einem Stück Papiertaschentuch in ein kleines Schraubglas geben, das jeweils nur für die Geruchsprobe geöffnet und dann sofort wieder verschlossen und weitergereicht wird.*

- Mit allen oder auch einzelnen Sinnen wahrzunehmen, kann durchaus auch in der bloßen Vorstellung erfolgen, wie bei **Fantasiereisen**. Die Gruppenmitglieder werden an einen beliebigen Ort geführt und aufgefordert, diesen unter Anleitung mit allen Sinnen wahrzunehmen. Bitte lesen Sie Fantasiereisen immer sehr langsam und mit vielen Pausen vor.

Mit allen Sinnen

Beispiel

Eine kleine Fantasiereise ans Meer

Setzen Sie sich ganz bequem hin und schließen Sie die Augen. Atmen Sie 2- bis 3-mal tief ein und begeben Sie sich gedanklich ans Meer. Gehen Sie ganz langsam an den Strand und verweilen Sie dort. Genießen Sie einen Moment lang die Umgebung. *(etwas Zeit lassen)*
Nun schauen Sie sich in Ruhe um, nach rechts *(kurze Pause)* und nach links *(kurze Pause)*, nach oben *(kurze Pause)* und nach unten *(kurze Pause)* und geradeaus nach vorn *(kurze Pause)*.
Dann horchen Sie mal, welche Geräusche es in der Umgebung gibt. *(Pause)*
Nun konzentrieren Sie sich ganz auf Ihr Gefühl. Was können Sie spüren, auf der Haut, an den Gliedmaßen, im Gesicht, am ganzen Körper? *(Pause)*
Können Sie auch etwas riechen? *(Pause)*
Oder schmecken? *(Pause)*
Genießen Sie noch einen Moment die besondere Atmosphäre. *(Pause)*
Und jetzt bewegen Sie langsam Ihre Hände, auf und zu, immer wieder.
Kehren Sie gedanklich hier in diesen Raum zurück.
Öffnen Sie die Augen.
Beugen und strecken Sie die Arme und räkeln und strecken Sie sich nach Herzenslust.

Anschließend tauschen alle die empfundenen Eindrücke miteinander aus. Auf diese Weise können verschiedenste Orte mit intensiven Sinneseindrücken besucht werden: die sonnendurchflutete Lichtung eines kleinen Waldes, ein Bauernhof, ein Wochenmarkt, ein Weihnachtsmarkt oder auch eine Kirmes, ein Zoo ...

- Alle Sinne anzuregen, ist auch Ziel eines **Sinnesparcours**. Es werden fünf Stationen aufgebaut, für jeden Sinn jeweils eine, an denen beispielsweise in Fühlkisten gefühlt, an Riechproben gerochen und leckere Geschmacksproben gekostet werden können. Viele der in diesem Kapitel beschriebenen Wahrnehmungsübungen lassen sich kombinieren und für einen Parcours nutzen.

Bewegungsspiele

Aktive Runde

Schwierigkeitsgrad: einfach
Spielmaterial: keines, vorteilhaft ist animierende Hintergrundmusik
Gruppengröße: 2–20 Mitspieler
Vorbereitung: Bilden Sie einen Stuhlkreis ohne Tisch.

Spielverlauf

Alle Mitspieler sitzen so, dass sie sich gegenseitig sehen können. Der erste aus der Runde macht eine einfache Bewegungsübung vor, die alle anderen nachmachen und mit ihm gemeinsam 3-, 4-mal wiederholen. Dann übernimmt der linke Nachbar und zeigt eine andere Bewegung, die wieder alle übernehmen usw. Reihum wird von jedem Mitspieler eine neue Übung präsentiert, die die gesamte Gruppe aufgreift. Die einzelnen Bewegungsübungen sollten sich nicht wiederholen.
Eingesetzt werden können Arme, Beine, Hände, Finger, Füße, Rumpf oder auch der Kopf. Je größer die Gruppe, desto mehr unterschiedliche Übungen müssen überlegt werden. Meist ist nach einer Runde mit vielen Teilnehmern der gesamte Körper automatisch einmal durchbewegt. Ist eine Gruppe klein, können mehrere Runden durchlaufen werden, um diesen Effekt zu erzielen.

Spielvariante

Reihum macht jeder nach Vereinbarung zwei, drei oder vier verschiedene einfache Bewegungen vor und lässt dann, ohne selbst noch einmal mitzumachen, die anderen diese Bewegungen nachahmen.

Kopfkreisen ist untersagt, da empfindliche Gefäße gefährdet wären. Der Kopf kann nach rechts und links bewegt werden, indem das Kinn zur rechten oder linken Schulter geführt wird. Oder auch zur Brust mithilfe des Eigengewichtes des Kopfes. Alternativ wird der Kopf seitlich nach rechts oder links gekippt, als wolle man das Ohr auf der Schulter ablegen. Alle Bewegungen verlaufen sehr langsam, nicht mit Schwung oder ruckartig. Jeder sollte ohnehin nur so weit mitmachen, wie er kann.

Bewegungen spiegeln

Schwierigkeitsgrad:	mittel
Spielmaterial:	keines
Gruppengröße:	2–20 Mitspieler
Vorbereitung:	Bilden Sie Stuhlreihen. Sie als Spielleiter sollten der Gruppe gegenübersitzen.

Spielverlauf

Alle Mitspieler sitzen so, dass sie den Spielleiter sehen können. Die beste Position ist direkt gegenüber. Der Spielleiter macht sehr einfache Bewegungen vor, die alle Mitspieler spiegeln. Bewegt der Spielleiter seine Arme nach rechts oben, heben die Gruppenmitglieder die Arme nach links oben. Bewegt er seine Füße nach hinten unter den Stuhl, bewegen die Mitspieler ihre auch nach hinten unter den Stuhl. Hält der Spielleiter seinen rechten Arm gestreckt nach vorn und den linken nach links, müssen die Gruppenmitglieder den linken nach vorn strecken und den rechten nach rechts. Sie verhalten sich wie ein Spiegelbild. Je komplexer die Bewegungen, desto schwieriger. Zunächst sollte mit sehr einfachen, eindeutigen Bewegungen geübt werden, bis jedem klar ist, wie das Spiel funktioniert.

Spielvarianten

- Die Mitspieler sprechen während der Bewegung laut aus, welches Körperteil sie bewegen, beispielsweise: linker Arm, rechter Fuß, linker Zeigefinger.
- Sie sagen laut die Richtung, die sie selbst nehmen: rechts unten, vorn, rechts herum, rechts schräg oben ...
- Während sie die Übung spiegeln, sagen sie laut, welches Körperteil der Spielleiter bewegt.
- Sie nennen die Richtung, in die der Spielleiter bewegt.
- Die Gruppenmitglieder machen genau das Gegenteil von dem, was der Spielleiter zeigt. Streckt z. B. der Spielleiter seinen rechten Arm nach oben, ziehen die Spieler den rechten Arm nach unten.

Bewegung und Sprechen sollte immer gleichzeitig erfolgen. Das ist nicht einfach!

Vernetzen

Schwierigkeitsgrad:	sehr einfach
Spielmaterial:	1 Wollknäuel
Gruppengröße:	4–20 Mitspieler
Vorbereitung:	Bilden SIe ohne Tisch oder um eine freie Tischfläche einen Stuhlkreis.

Spielverlauf

Alle Mitspieler sitzen im Kreis. Ein Spieler nimmt das Wollknäuel, hält den Anfang des Fadens fest, wickelt etwas Garn ab und wirft einem anderen das Knäuel zu, während er den Fänger mit Namen anspricht. Dieser fängt es, hält den Faden zum Vordermann leicht gespannt fest, wickelt wieder etwas Faden ab und wirft es dem nächsten zu, der ebenfalls mit Namen angesprochen wird. Auf diese Weise wird das Knäuel hin und her geworfen, sodass sich nach und nach ein netzartiges Gebilde entwickelt. Jeder sollte das Knäuel einmal gefangen und einmal geworfen haben. In sehr kleinen Gruppen können auch mehrere Runden gespielt werden. Ist das Netz dicht genug, wird es wieder entwirrt. Der Letzte wirft das Knäuel an den zurück, von dem er es erhalten hat, und spricht diesen wieder mit Namen an. Der Fänger wickelt den Faden so weit wie nötig auf und wirft das Knäuel dem zu, zu dem der Faden dann führt. So löst sich das Netz nach und nach wieder auf. Ist eine Gruppe mit der gegenseitigen namentlichen Ansprache überfordert, entfällt diese.

Spielvariante

Eine wesentlich schwierigere Variante entsteht, wenn kein Wollknäuel, sondern ein Ball eingesetzt wird. Der Ball wird kreuz und quer zugeworfen und jeder Mitspieler muss sich merken, von wem er den Ball erhalten hat. Wenn jeder den Ball einmal gefangen und geworfen hat, läuft die Wurflinie genau umgekehrt. Jeder wirft den Ball an den zurück, von dem er ihn in der ersten Runde erhalten hatte, nur dass jetzt kein Faden den Weg weist, sondern das Gedächtnis gefordert ist.

Bewegen und Denken

Schwierigkeitsgrad:	einfach
Spielmaterial:	1 Ball
Gruppengröße:	2–12 Mitspieler
Vorbereitung:	Bilden Sie einen Stuhlkreis ohne Tisch.

Spielverlauf

Alle Teilnehmer sitzen im Kreis. Ein Spielleiter steht in der Mitte des Kreises, erklärt die Aufgabe, z. B. dass Reimwörter gesucht werden, und wirft einem Mitspieler den Ball zu. Während des Werfens nennt er ein Wort, wie „Haus", auf das der Fänger, während er zurückwirft, ein Reimwort nennt, beispielsweise Maus. Dann wird der Ball im Uhrzeigersinn dem Nächsten zugeworfen, der ein weiteres Reimwort nennt, Laus oder Klaus, kraus, raus, Schmaus, aus usw. Reihum wird abwechselnd jedem der Ball einmal zugeworfen und jeder sucht ein weiteres Reimwort auf „Haus". Die Begriffe sollten sich nicht wiederholen. Fällt jemandem nichts mehr ein, wird ein neues Wort vorgegeben, beispielsweise „Raum". Der nächste Fänger wirft den Ball weiter und nennt ein Reimwort auf „Raum": Schaum, kaum, Saum, Flaum, Baum oder Traum. Es werden reihum wieder möglichst viele Reimwörter gesucht, bis kein Spieler mehr eines weiß und wieder ein neues Wort ins Spiel kommt.

Spielvarianten

- Jedem Spieler wird ein neues Wort vorgegeben, auf das er reimt, sodass auf jeden Begriff nur ein Reimwort genannt wird und jedes Mal spontan auf ein neues Wort reagiert werden muss.
- Anstelle von Reimwörtern werden Gegenteile gesucht: hoch – tief, eng – weit, hell – dunkel, weiß – schwarz, rund – eckig.
- Andere Vorgaben können sein: Städte, Namen mit A, Blumen, Tiere, Berufe, Märchenfiguren oder Anfänge von Sprichwörtern, die ergänzt werden: Aller Anfang – ist schwer! Ohne Fleiß – kein Preis. Eigener Herd – ist Goldes wert.

Zuwerfen nach Regeln

Schwierigkeitsgrad:	mittel
Spielmaterial:	1 Ball
Gruppengröße:	4–20 Mitspieler
Vorbereitung:	Bilden Sie einen Stuhlkreis.

Spielverlauf

Die Mitspieler sitzen im Kreis und werfen sich reihum den Ball nach bestimmten Vorgaben zu, z. B. nach der Regel: eins vor und zwei zurück.

Achtung, hier ist hohe Konzentration gefragt! Der Erste wirft den Ball seinem linken Nachbarn zu (eins vor). Dieser wirft den Ball nun zwei Spieler zurück, also an den von ihm aus Zweiten (zwei zurück). Der wirft wieder einen nach links (eins vor). Der Nächste zwei Plätze nach rechts (zwei zurück). Wieder einen nach links, zwei nach rechts usw. Der Ball macht letztendlich die Runde gegen den Uhrzeigersinn. Ist die Gruppe gut geübt, kann parallel mit etwas Abstand zum ersten ein zweiter Ball eingesetzt werden, der denselben Regeln folgt.

Spielvarianten durch andere Regeln

- zwei vor und eins zurück
- drei vor und zwei zurück
- umgekehrt zwei vor und drei zurück
- oder ganz verrückt: zwei vor und eins zurück, drei vor und zwei zurück, vier vor und drei zurück, fünf vor etc.

Der Ballon darf den Boden nicht berühren!

Schwierigkeitsgrad:	sehr einfach
Spielmaterial:	aufgeblasene Luftballons, Musik im Hintergrund
Gruppengröße:	2–20 Mitspieler
Vorbereitung:	Bilden Sie einen Stuhlkreis.

Spielverlauf

Die Teilnehmer sitzen im Stuhlkreis, sodass die Mitte nicht zu groß ist, und spielen sich zunächst einen Luftballon zu. Die Regel lautet: Der Ballon darf den Boden nicht berühren! Er soll permanent in der Luft gehalten werden unter Einsatz aller Körperteile: Arme, Hände, Ellbogen, Schultern, Kopf, Füße, Knie usw. Je nach Größe der Gruppe empfiehlt es sich, nach und nach weitere Ballons mit ins Spiel zu bringen, damit jeder möglichst oft beteiligt ist.
Steht keine Musik zur Verfügung, kann bei geübteren Gruppen auch ein Lied angestimmt werden, das während des Zuspielens gemeinsam gesungen wird.

> *Wird am Tisch gespielt, ist die Bewegungsfreiheit zwangsläufig eingeschränkt und die Devise lautet: Der Tisch darf nicht berührt werden!*

Spielvarianten

- Zwei Spieler sitzen einander gegenüber und spielen paarweise.
- Nur der rechte Arm und die rechte Hand dürfen eingesetzt werden.
- Nur die linke Hand darf benutzt werden.
- Abwechselnd darf mal nur mit rechts, mal nur mit links gespielt werden.
- Nur die Handoberflächen werden benutzt.
- Die Handinnenflächen kommen zum Einsatz.
- Die Fäuste werden gebraucht.
- Nur die Fingerspitzen spielen den Ballon oder
- die Daumen oder
- die Zeigefinger oder
- die Mittelfinger oder
- die Ringfinger oder
- die kleinen Finger.

Zuspielen mit Fliegenklatschen

Schwierigkeitsgrad:	einfach
Spielmaterial:	1 Luftballon, für jeden Mitspieler 1 Fliegenklatsche
Gruppengröße:	2–12 Mitspieler
Vorbereitung:	Bilden Sie einen Stuhlkreis.

Spielverlauf

Die Teilnehmer sitzen im Stuhlkreis und jeder erhält eine Fliegenklatsche. Ein Spielleiter wirft den Luftballon in den Kreis, der nun nach Möglichkeit den Boden nicht mehr berührt. Der Ballon wird mithilfe der Fliegenklatschen beliebig und ohne Wertungen einander zugespielt. Dabei kann ein Ballon, der auf dem Boden landet, auch wieder hochgespielt werden.
Ist die Gruppe etwas geübter, kann ein zweiter oder – je nach Gruppengröße – auch ein dritter Ballon ins Spiel gebracht werden. Das Ziel ist, alle Ballons gleichzeitig in der Luft zu halten.

Spielvariante

Es werden zwei gleich große Mannschaften gebildet, die sich im Raum etwas verteilt gegenübersitzen. Zwischen den Mannschaften wird ein Seil gespannt. Ein Spielleiter wirft den Luftballon ins Feld, der nun nach Möglichkeit den Boden nicht mehr berührt. Die Mannschaft, auf deren Seite der Ballon sich bewegt, beginnt das Spiel. Der Ballon wird mithilfe der Fliegenklatschen über das Seil der anderen Mannschaft zugespielt, die wiederum versucht, ihn loszuwerden. Es geht darum, den Ballon in der eigenen Mannschaft in der Luft zu halten und dann über das Seil zu schlagen. Berührt er den Boden, bekommt die entsprechende Mannschaft einen Minuspunkt und hat dann den Aufschlag zur nächsten Runde. Die Gruppe beschließt, wann das Spiel beendet wird. Gewinner ist die Mannschaft mit den wenigsten Punkten.

Stehen keine Fliegenklatschen zur Verfügung, können auch zwei oder drei Pappteller aufeinandergeklebt und als Schläger eingesetzt werden. Letztendlich geht es auch ohne Hilfsmittel nur mit den Händen, wenn die Mannschaften enger zusammen sitzen.

Lass rollen!

Schwierigkeitsgrad:	sehr einfach
Spielmaterial:	1 weicher, leichter Ball
Gruppengröße:	2–12 Mitspieler
Vorbereitung:	Stuhlkreis um eine freie Tischfläche bilden

Spielverlauf

Der Ball wird beliebig hin und her gerollt. Dabei können verschiedenste Vorgaben gemacht werden, die zu beachten sind:

- Jeder spricht die Person, der er seinen Ball zurollt, mit **Namen** an. Besonders geeignet ist diese Variante für neue Gruppen, um die Namen kennenzulernen.
- Alle Spielvarianten von „Bewegen und Denken" (vgl. S. 163) können auch beim Zurollen benutzt werden.
- Der Fokus liegt eher auf der **Koordination**: Das Zurollen und Annehmen soll nur mit der rechten oder nur mit der linken Hand erfolgen.
- Wenn der Sender den Ball mit der rechten Hand zurollt, wird er auch mit der rechten angenommen und umgekehrt.
- Wenn der Sender den Ball mit der rechten Hand losschickt, wird er mit der linken angenommen und umgekehrt.
- Der Sender bestimmt, ob der Ball mit rechts, links oder mit beiden Händen gefangen werden soll.
- Das Wegrollen in Richtung eines anderen Mitspielers soll nur mit einer Faust, der Handinnenfläche oder dem Handrücken erfolgen,
- oder mit drei Fingerspitzen einer Hand,
- oder mit beiden Zeige-, Mittelfingern oder Daumen.

> *Sind die Gruppenmitglieder mit dem gegenseitigen Ansagen der Vorgaben überfordert, übernimmt es ein Spielleiter, bestimmte Bewegungen abzufordern und um eine besondere Haltung der Hände oder um den Einsatz bestimmter Finger zu bitten.*

Lass rollen!

Spielvarianten

* Anstelle des großen Balls werden ein Tischtennisball oder eine große Murmel eingesetzt und jeder Mitspieler bekommt eine leere, möglichst einfarbig beklebte oder bemalte Toilettenrolle. Mithilfe dieser Rolle wird der Ball weggerollt und auch wieder eingefangen. Das Spiel ist mit vielen der oben beschriebenen Vorgaben möglich. Es läuft allerdings durch den Tischtennisball schneller und verlangt mehr Koordination.
* Haben die Rollen verschiedene Farben, kann anstelle des Namens eines Spielers die Farbe genannt werden, der zugespielt wird.
* Große Konzentration ist gefragt, wenn jeder zwei gleichfarbige Rollen bekommt und der Sender das Einfangen des Balles mit der rechten oder linken Hand verlangt, beispielsweise rot – links.
* Hat jeder zwei verschiedenfarbige Rollen, dann kann eine der beiden Farben aufgerufen werden und der Fänger muss mit der entsprechend farbigen Rolle den Ball einfangen.
* Statt der Rollen können auch Fliegenklatschen, Pappteller oder Kunststoffbecher zum Zuspielen eingesetzt werden.
* In einem Stuhlkreis ohne Tisch kann ein leichter, etwas größerer Ball, wie ein Wasserball, mit Fliegenklatschen, Papptellern oder den Füßen auf dem Fußboden zugerollt werden.

Klebt man zwei oder drei Pappteller ganzflächig aufeinander, werden sie sehr viel stabiler.

Bewegen nach Musik

Schwierigkeitsgrad:	sehr einfach
Spielmaterial:	jeweils für 2 Mitspieler 1 Tuch und 1 Luftballon, Musik
Gruppengröße:	2–20 Mitspieler
Vorbereitung:	Bilden Sie Stuhlreihen, die so stehen, dass immer 2 Mitspieler sich genau gegenüber sitzen und ansehen.

Spielverlauf

Es wird Musik aufgelegt, die zum Bewegen animiert, z.B. alte, bekannte Schlager aus der Zeit des jungen Erwachsenseins der Senioren, Instrumentalmusik oder auch Volkslieder. Ein Spielleiter gibt die Kommandos. Die beiden jeweils einander gegenübersitzenden Mitspieler bilden ein Paar und agieren gemeinsam.

1. Jeder bewegt sich frei, so wie er möchte.
2. Ein Partner bewegt sich, wie er möchte. Der andere ahmt die Bewegungen nach. Etwa nach zwei bis drei Minuten werden die Rollen gewechselt.
3. Jedes Paar erhält einen Luftballon und spielt diesen hin und her.
4. Jedes Paar erhält zusätzlich ein Tuch. Beide Partner halten es jeweils an zwei Ecken gut fest. Der Ballon wird auf das Tuch gelegt und hochgespielt und wieder aufgefangen, solange es Spaß macht.
5. Welcher Ballon fliegt am höchsten und wird wieder aufgefangen?
6. Der Ballon liegt auf dem leicht gespannten Tuch und wird vor- und rückwärts, nach rechts und links sowie entlang beider Diagonalen hin und her gerollt.
7. Es wird versucht, den Ballon einmal rechts- und einmal linksherum am Außenrand des Tuches entlangrollen zu lassen.

Sollte keine Musik zur Verfügung stehen, können Lieder angestimmt und von allen gemeinsam gesungen werden. Das verhindert, dass bei Anstrengung die Luft angehalten wird und führt zu einer tieferen Atmung.

Quadratische Tücher sind besonders gut geeignet, wie Chiffon- oder Halstücher sowie große Stoffservietten. Aber auch Trockentücher können eingesetzt werden. Sie sollten nicht zu klein sein, damit die Senioren sie gut greifen können und der Ballon Platz zum Rollen hat.

Bewegen nach Musik

Spielvarianten im Stuhlkreis

- Alle bewegen sich frei nach einer Musik oder einem Lied. Ein Spielleiter stoppt plötzlich die Musik oder schlägt beispielsweise ein Tamburin. In diesem Moment halten alle in ihrer Bewegung inne und erstarren, bis die Musik weiterspielt oder ein zweites Mal auf das Tamburin geschlagen wird. Singen die Senioren selbst, hört mit dem ersten Schlag auch der Gesang auf und setzt erst beim zweiten wieder ein.
- Die Bewegungen entsprechen dem Inhalt eines Liedes. So können zu Wanderliedern auch im Sitzen intensive Laufbewegungen gemacht werden. Die Knie sollten bei jedem Schritt deutlich angehoben werden, die Füße leicht abrollen und die Arme mitschwingen: Wenn das linke Bein sich hebt, schwingt der rechte Arm vor, wenn das rechte Bein den Schritt macht, schwingt der linke Arm vor. Andere Lieder bieten die Möglichkeit, zu klatschen: in die Hände, auf die Oberschenkel oder gegen die Hände eines Partners. Oder es wird z. B. gewunken: mal mit rechts, mal mit links, nach rechts und nach links, dann dem rechten und dem linken Nachbarn auf die Schulter getippt oder auf den Oberschenkel, nach vorn geboxt oder nach oben, die Arme geschwungen, sich geräkelt oder geschunkelt. Alles, was den Senioren einfällt und Spaß macht, ist erwünscht.
- Einige Kinderlieder beinhalten Bewegungsmöglichkeiten, wie z. B. „Zeigt her eure Füße".

An alten Kinderliedern haben oft insbesondere ***Senioren mit einer fortgeschrittenen Demenz*** *viel Freude, da sie trotz der Krankheit sehr lange mitgesungen werden können und Erinnerungen an die Kindheit wecken.*

Bitte weiterreichen!

Schwierigkeitsgrad:	sehr einfach
Spielmaterial:	je nach Gruppengröße 2–3 Papprollen von Küchenpapier oder Alufolie
Gruppengröße:	3–20 Mitspieler
Vorbereitung:	Bilden Sie einen Stuhlkreis ohne Tisch. Gestalten Sie die Papprollen durch Bemalen oder Bekleben.

Spielverlauf

Die Mitspieler sitzen so eng im Kreis, dass sie ihre Nachbarn mit den Händen gut erreichen können. Die Sitzposition ist aufrecht nach vorn gerichtet. Beide Füße stehen fest auf dem Boden. Der Rücken ist nach Möglichkeit nicht angelehnt. Ein Spielleiter gibt eine Papprolle im Uhrzeigesinn herum, die dann nach verschiedenen Vorgaben von Spieler zu Spieler weitergereicht wird:

1. **Runde:** mit der rechten Hand vor dem Bauch
2. **Runde:** mit der rechten Hand hinter dem Rücken
3. **Runde:** mit der rechten Hand hinter dem Nacken
4. **Runde:** mit der rechten Hand über den Kopf
5. **Runde:** mit der rechten Hand unter den Knien durch

Der jeweils linke Nachbar nimmt die Rolle mit seiner rechten Hand an. Die Linke ist nicht im Einsatz. Anschließend erfolgen alle Bewegungen noch einmal in die andere Richtung. Mit der linken Hand wird die Rolle gegen den Uhrzeigersinn weitergegeben und vom rechten Nachbarn mit der Linken angenommen. Wenn die Gruppe sehr groß ist, bietet es sich an, mit etwas Abstand mehrere Rollen gleichzeitig in derselben Richtung herumzureichen.

Schaffen die Teilnehmer es, die Sitzposition bzw. die Ausrichtung des Beckens während der Bewegung nicht zu verändern, bewegen sie nicht nur Hände, Arme und Schultern, sondern drehen auch den Rumpf. Das Weiterreichen unter den Knien durch erfordert ein Beugen des Rumpfes und eine leichte Seitneigung.

Bitte weiterreichen!

Sollte der Bewegungsablauf unterfordern, können anstelle von länglichen Papprollen, die den Weg zum Nachbarn um ihre eigene Länge verkürzen, auch kleinere Bälle oder andere Dinge, die mit einer Hand gehalten werden können, eingesetzt werden.

Spielvarianten

- Alle sitzen im Kreis, während der Schlager „Michaela" *(Bata Illic, 1972)* gespielt wird. Es wird z. B. eine Papprolle herumgegeben, die ziemlich flott weitergereicht werden soll. Ertönt der Name „Michaela" im Lied, wird die Richtung gewechselt. Es geht also hin und her. Bei geübten Gruppen lassen sich auch mehrere Gegenstände durchreichen, auch in verschiedene Richtungen.
- Sollen insbesondere die Handgelenke bewegt werden, können auch ohne Musik Plastikeier, Tischtennisbälle oder größere Murmeln mit Löffeln, Bechern, einseitig verschlossenen Papprollen oder Papptellern herumgereicht werden. Mal mit rechts, mal mit links, in die eine und in die andere Richtung.
- **Für sehr Gelenkige:** Nun bitte mit den Händen am Stuhl festhalten. Eine Rolle wird zwischen die Füße genommen und erst rechts- und später linksherum so weitergegeben. Der Nachbar nimmt die Rolle ebenfalls mit den Füßen an und gibt sie auch so weiter.

Bewegungskette

Schwierigkeitsgrad:	schwer
Spielmaterial:	keines
Gruppengröße:	2–12 Mitspieler
Vorbereitung:	Bilden Sie einen Stuhlkreis ohne Tisch.

Spielverlauf

Die Gruppenmitglieder sitzen im Stuhlkreis und sollten sich alle gut gegenseitig sehen können. Die Idee des Spiels ist es, Bewegungen ähnlich aneinanderzuketten, wie es bei dem Spiel „Kofferpacken" mit den Wörtern geschieht, sodass gleichzeitig mit der Bewegung eine Merkübung verbunden wird.
Ein Mitspieler macht eine einfache Bewegungsübung, z. B. streckt er die Arme nach oben. Sein linker Nachbar macht sie nach und fügt eine zweite Bewegung hinzu: Arme nach oben strecken und dann mit den Beinen eine Laufbewegung. Der wiederum linke Nachbar wiederholt beides und hängt eine weitere Bewegung daran: Arme nach oben strecken, mit den Beinen eine Laufbewegung, den Rumpf nach rechts und links drehen. Der Nächste macht wieder alles nach und ergänzt usw.
Wie viele Bewegungen können die Teilnehmer sich merken? Wie viele Runden schafft eine Gruppe?
Zum Schluss sollten alle Gruppenmitglieder noch einmal gemeinsam einen gesamten Durchlauf wagen. Vielleicht sogar rückwärts?

Bewegungen erwürfeln

Schwierigkeitsgrad:	mittel
Spielmaterial:	1 großer Schaumstoffwürfel
Gruppengröße:	2–20 Mitspieler
Vorbereitung:	Bilden Sie einen Stuhlkreis.

Spielverlauf

An jede Würfelzahl wird eine bestimmte Bewegung und als Merkhilfe eine Aussage gebunden, die die Teilnehmer sich merken:

⚀ **Hier bin ich!**
Einmal aufstehen und wieder setzen

⚁ **Es darf geklatscht werden!**
Mit den Händen klatschen

⚂ **Mal sehen, was der Nachbar macht!**
So weit wie möglich den Kopf nach rechts und links drehen und mit den Augen in die Richtung sehen

⚃ **Alle viere von sich strecken!**
Sich strecken, insbesondere Arme und Beine

⚄ **Langfinger!**
Alle Finger strecken und weit rausschieben, dann eine kräftige Faust machen, 2- bis 3-mal wiederholen

⚅ **Mich loben, weil ich das gut mache!**
Sich selbst überkreuz auf die Schultern klopfen: Mit der rechten Hand wird auf die linke Schulter geklopft und gleichzeitig umgekehrt mit der linken Hand auf die rechte Schulter.

Wichtig ist, dass die Bewegungen in Verbindung mit den Zahlen vor dem Spiel gut eingeübt werden. Dann wird reihum auf dem Boden mit einem großen Schaumstoffwürfel gewürfelt, den jeder gut sehen kann. Da nicht verhindert werden kann, dass der Würfel gelegentlich unter einen Stuhl rollt oder sehbehinderte Teilnehmer die Zahlen nicht erkennen, empfiehlt es sich, die gewürfelte Zahl zunächst von jemandem, der diese sehen kann, laut benennen zu lassen. Anschließend wird die entsprechende Bewegung von allen gemeinsam ausgeführt. Der Vorteil einer Gruppe ist, dass einem Mitspieler die geforderte Bewegung garantiert einfallen wird und schwächere Mitspieler sich daran orientieren können.

Bewegungen erwürfeln?

*Da die Merkhilfen-Aussagen dabei helfen, sich die Bewegungen zu den Zahlen assoziativ zu merken, kann bei **sehr fitten Teilnehmern** beim Einüben vielleicht auch darauf verzichtet werden.*

Passen Sie die Bewegungsübungen der Bewegungsfähigkeit der Teilnehmer unbedingt an. Können Mitspieler beispielsweise nicht aufstehen, dann beugen oder drehen sie sich leicht nach rechts und nach links und nicken den anderen zu, um sich zu begrüßen. Oder belastet das Klatschen die Gelenke zu sehr, kann man mit beiden Händen winken.

Spielvarianten

- Während der Bewegung werden gleichzeitig die Merkhilfe-Aussagen von allen laut mitgesprochen.
- Nicht die Merkhilfe-Aussagen, sondern die konkreten Bewegungen werden laut ausgesprochen.
- **Schwieriger** gestalten lässt sich die Übung, indem völlig andere Bewegungen, die sich assoziativ nicht so einfach mit den Zahlen verbinden lassen, gewählt werden oder wenn bei jeder neuen Bewegungsrunde neue Bewegungen überlegt werden.
- Sehr viel **einfacher** und damit auch für **demente Senioren** umsetzbar wird das Spiel, wenn ein Spielleiter die entsprechende Merkhilfe-Aussage benennt, nachdem gewürfelt wurde, oder diese deutlich lesbar auf hellen Fotokarton geschrieben und auf einen Würfel geklebt wird. Ein Mitspieler, der dem Würfel, nachdem dieser ausgerollt ist, nahe sitzt, liest sie laut vor. Oder es werden die Bewegungen selbst stichwortartig aufgeschrieben, auf einen Würfel geklebt und ebenfalls vorgelesen.

Zahlenpantomime

Schwierigkeitsgrad:	schwer
Spielmaterial:	keines, bei Bedarf 1 großer Schaumstoffwürfel zum Üben
Gruppengröße:	2–20 Mitspieler
Vorbereitung:	Bilden Sie einen Stuhlkreis.

Spielverlauf

An die Zahlen Eins bis Sechs wird jeweils eine bestimmte Bewegung gebunden, die die Teilnehmer sich merken müssen. Sind die Bewegungen mithilfe eines Würfels durch häufiges Wiederholen gut eingeübt worden, lassen sich durch die Bewegungen zu den einzelnen Ziffern auch mehrstellige Zahlen pantomimisch darstellen. Jeder Mitspieler nennt reihum eine zweistellige Zahl, für die zwangsläufig nur die Ziffern von Eins bis Sechs zur Verfügung stehen. Aufgabe der Gruppe ist es, diese Zahl in der entsprechenden Reihenfolge in Bewegung umzusetzen.

1 = einmal aufstehen und wieder setzen
2 = in die Hände klatschen
3 = so weit wie möglich den Kopf nach rechts und links drehen und mit den Augen in die jeweilige Richtung sehen
4 = sich strecken, insbesondere Arme und Beine
5 = alle Finger strecken und weit raus schieben, dann eine kräftige Faust machen, 2- bis 3-mal wiederholen
6 = sich selbst überkreuz auf die Schultern klopfen, d. h., mit der rechten Hand wird auf die linke Schulter geklopft und gleichzeitig umgekehrt mit der linken Hand auf die rechte Schulter

<u>Beispiel</u>

24 = in die Hände klatschen und
dann alle viere von sich strecken

631 = sich selbst überkreuz auf die Schultern klopfen,
so weit wie möglich den Kopf nach rechts und links drehen
und mit den Augen in die Richtung sehen und
einmal aufstehen und wieder setzen

Zahlenpantomime

Spielvarianten

* Schwieriger wird es, wenn drei-, vier- oder fünfstellige Zahlen genannt und dann von der Gruppe dargestellt werden. Allein das Nennen von vielstelligen Zahlen bedeutet oft schon eine Herausforderung.
* Total verrückt: Die Bewegungen sollen nicht nacheinander, sondern, soweit möglich, gleichzeitig erfolgen. Bei welchen Zahlen gelingt das, bei welchen nicht?
* Wem das nicht reicht, der kann die Zahlen von 1 bis 9 in Bewegungen umsetzen.
* Die Teilnehmer nennen die überlegte Zahl nicht, sondern teilen sie durch die entsprechenden Bewegungen mit. Die Gruppe versucht, die Zahl anhand der dargestellten Bewegungen zu erkennen.
* Jeder stellt reihum durch eine Bewegung eine einstellige Zahl dar. Alle dargestellten Zahlen müssen im Laufe der Runde addiert werden. Am Ende der Runde bleibt die Frage: Wer hat richtig gerechnet?
* Jeder stellt reihum eine einstellige Zahl dar und gibt laut und deutlich an, ob diese addiert oder subtrahiert werden soll.

Passen Sie die Bewegungsübungen der Bewegungsfähigkeit der Teilnehmer unbedingt an. Können Mitspieler beispielsweise nicht aufstehen, dann beugen oder drehen sie sich leicht nach rechts und nach links und nicken den anderen zu, um sich zu begrüßen. Oder belastet das Klatschen die Gelenke zu sehr, kann man mit beiden Händen winken.

Bewegungsgeschichten

Schwierigkeitsgrad:	sehr einfach
Spielmaterial:	Gegenstände zur Dekoration, die auf ein bestimmtes Thema hinweisen
Gruppengröße:	2–20 Mitspieler
Vorbereitung:	Bilden Sie einen Stuhlkreis und gestalten Sie die Kreis- oder Tischmitte mit den Dekorationsgegenständen.

Spielverlauf

Zu einem bestimmten Thema, z. B. ein Tag am Meer, wird gemeinsam mit allen Teilnehmern eine Geschichte entwickelt, in der viele Bewegungen vorkommen. Das geschieht reihum oder nach Wortmeldung, indem der jeweilige Mitspieler dem zuvor Erzählten einen oder mehrere Sätze hinzufügt und dabei zumindest eine Bewegung nennt, die in der Geschichte eine Rolle spielt. Alle genannten Bewegungen werden im Sitzen vollzogen. Der Spielleiter sollte sie deutlich mitmachen, damit sich Teilnehmer notfalls an ihm orientieren können.

Mögliche Themen

Wenn ich morgens früh aufstehe, Alltag einer Hausfrau, Im Garten, Frühjahrsputz, Wir renovieren, Am Strand, An der See, In den Bergen, Auf dem Bauernhof, Es hat geschneit, Heute wird gewandert ...

Einstieg in das Thema

Anhand der Dekoration *(z. B. Strandtasche, Badetuch, Sonnenbrille, einige Muscheln für einen Tag am Meer)* sollen die Teilnehmer zunächst überlegen, was das Thema sein könnte.
Zur weiteren Stimulation werden Erinnerungen durch Fragen geweckt: Kennen Sie das Meer? Waren Sie dort? Wann? Und wo? Allein oder mit anderen? Was hat Ihnen dort am besten gefallen?
Eine Überleitung ermöglicht den Beginn der Geschichte: Sollen wir uns heute noch einmal in Gedanken ans Meer begeben? Wo beginnen wir? Zu Hause? Dann packen wir am besten als Erstes die Tasche. Herr/Frau ..., was packen Sie ein? *(Einpackbewegungen)* An den Nächsten gerichtet: Was brauchen wir noch? Jeder sollte etwas dazu beitragen, bis alles Notwendige beisammen, die Jacke angezogen, die Tür

Bewegungsgeschichten

abgeschlossen ist *(jeweils mit den entsprechenden Bewegungen)* und man sich gemeinsam auf den Weg machen kann *(Laufbewegungen)*.
Wie detailliert der Ausflug beschrieben wird, hängt von den Beiträgen der Gruppenmitglieder ab. Inhaltlich lassen diese sich durch Fragen etwas steuern: Wie kommen wir dahin? Wohin gehen wir genau? Was machen wir da? Was machen wir dann? Gibt es dort Strandgymnastik? Darf man dort schwimmen? Wichtig ist, Aktivitäten anzuregen und dadurch Bewegungsmöglichkeiten zu schaffen. Alles, was sich in Bewegung umsetzen lässt, sollte genutzt werden.
Fällt es den Senioren schwer, spontan Beiträge zu formulieren und die Geschichte weiterzuentwickeln, lassen sie sich oft animieren, indem man den jeweils Nächsten mit dem Satzanfang: „Und dann ...“ auffordert, weiterzuerzählen.
Enden sollte die Geschichte wieder zu Hause oder zumindest mit dem Heimweg. Für den Abschluss eignet sich oft das gemeinsame Singen eines Liedes.

Beispiele für Bewegungsgeschichten befinden sich im Anhang: „Ein spontaner Ausflug“ (vgl. S. 197), „Am Meer“ (vgl. S. 199) und „Ein wildes Abenteuer“ (vgl. S. 201). Der Spielleiter liest den Text aktivierend unter Beteiligung der Teilnehmer vor und animiert so zum Mitmachen und Bewegen. Wichtig ist es, sehr langsam mit vielen Pausen zu lesen, damit die Teilnehmer Zeit haben, in ihrer Fantasie die entsprechenden Bilder und Wahrnehmungen zu entwickeln und intensiv zu empfinden. Der Vorleser sollte die Geschichte und insbesondere die Bewegungsabläufe gut kennen. Die Bewegungen sollten nicht vorgelesen, sondern mit Erklärungen deutlich vor- und mitgemacht werden. Animieren Sie, auch eigene Ideen in die Geschichten einfließen zu lassen und die Geschichten zu verändern.

Die erste Hälfte der dritten Geschichte „Ein wildes Abenteuer“ wird gelesen wie oben beschrieben. Die zweite Hälfte, in der alle auf der Flucht sind, wird wesentlich schneller gelesen. Entsprechend erfolgen auch die Bewegungen schneller. Ist die Geschichte bekannt, kann bei einem wiederholten Vorlesen die Rekonstruktion des Rückweges den Senioren überlassen werden, sodass eine Merkübung entsteht, bei der jedoch die umgekehrte Reihenfolge der Bewegungsabläufe zu beachten ist.

Eier werfen

Schwierigkeitsgrad:	sehr einfach
Spielmaterial:	1 Eierpalette, 2–12 Plastikeier für jeden Mitspieler (je nach Anzahl der Teilnehmer);
Gruppengröße:	2–12 Mitspieler
Vorbereitung:	Bilden Sie einen Stuhlkreis um eine freie Tischfläche, in deren Mitte Sie die Eierpalette platzieren. Die 24 Eier, die auf eine Palette passen, verteilen Sie so an die Spieler, dass alle gleich viele erhalten.

Spielverlauf

Reihum versucht jeder Mitspieler, ein Ei auf die Palette zu werfen. Trifft er und das Ei versinkt in einer der dafür vorgesehenen Vertiefungen, kann er in der nächsten Runde sein zweites Ei einsetzen usw. Legt sich ein Ei quer, muss die Gruppe entscheiden, ob der Wurf gilt oder nicht. Trifft er nicht, muss er sein Ei wieder an sich nehmen und es in der nächsten Runde noch einmal versuchen. Ziel ist es, möglichst als Erster alle Eier auf der Palette zu platzieren.
Da die Palette sich nach und nach füllt, wird es zunehmend schwieriger, leere Vertiefungen zu treffen. Zum Schluss sollten möglichst alle Vertiefungen belegt sein.

Dieses Spiel eignet sich gut für die Osterzeit.

Alternativ können anstelle der Eier auch Tischtennisbälle eingesetzt werden. Da diese allerdings gut springen, hüpfen sie manchmal wieder aus der Palette heraus. Andererseits lassen sich Tischtennisbälle wegen ihrer guten Sprungeigenschaft auch mit vorherigem Auftippen in die Palette werfen, was einen ganz besonderen Reiz hat.

Wenn man auf dem Markt oder in einem Lebensmittelladen, in dem lose Eier verkauft werden, um zwei, drei Paletten bittet und erklärt, dass sie als Material für die Seniorenbetreuung, insbesondere für Menschen mit Demenz, benötigt werden, trifft man meist auf viel Verständnis und Großzügigkeit.

Murmelspiel

Schwierigkeitsgrad:	sehr einfach
Spielmaterial:	1 einfarbige Wolldecke, auf die in der Mitte ein Kreis von etwa 15 cm Durchmesser mit der Aufschrift 100 und darum herum im Abstand von jeweils 10 cm zwei Kreise mit den Punktzahlen 50 und 25 mit einem Permanentstift eingezeichnet sind, 4 Murmeln pro Mitspieler, Papier und Stifte
Gruppengröße:	2–8 Mitspieler, je nach Tischformat
Vorbereitung:	Bilden Sie einen Stuhlkreis um einen Tisch. Legen Sie die Decke so auf, dass die Entfernung zur Mitte für alle gleich ist.

Spielverlauf

Nacheinander versuchen alle Mitspieler, eine Murmel durch Schnippen mit dem Zeigefinger oder dem Daumen in einem Kreis mit einer möglichst hohen Punktzahl zu platzieren. Das Spielende ist erreicht, wenn alle Murmeln verschossen sind. Die erreichten Punktzahlen werden notiert und am Ende addiert. Die höchste gewinnt.

Spielvarianten

- In die Mitte einer einfachen Wolldecke wird eine Schachtel gestellt, die auf jeder Seite ein Tor hat. Die Tore dürfen sich nicht gegenüberliegen. Dafür schneidet man Öffnungen heraus, in die die Murmeln hineinrollen können. Auf eine Punkteverteilung wird verzichtet oder die Tore werden verschieden groß gestaltet und dementsprechend bewertet.
- Man kann auch Öffnungen herausschneiden, die sich gegenüberliegen. Dann geht es darum, wessen Murmeln hinein- und auch wieder hinausrollen. In diesem Fall wird ein Startpunkt markiert, von dem aus alle Mitspieler ihre Murmel losschnippen.

Machen Sie das Spiel gleichzeitig zu einer Fingergymnastik und Koordinationsübung, indem Sie die Teilnehmer in einer Runde auffordern, anstelle des Zeigefingers den Mittelfinger zum Murmelschnippsen einzusetzen, dann den Ringfinger und den kleinen Finger. Und dann alles mit der linken Hand!

Kegeln

Schwierigkeitsgrad:	einfach
Spielmaterial:	1 „Kegel"-Spiel, Stift und Papier
Gruppengröße:	2–12 Mitspieler
Vorbereitung:	Bieten Sie Sitzgelegenheiten für alle Mitspieler an und markieren Sie die Abwurflinie. Schaffen Sie nach Möglichkeit Abgrenzungen hinter und neben den Kegeln – z. B. durch ausrangierte Poolnudeln oder aufgerollte Decken.

Spielverlauf

Als Spielort ist ein langer Flur optimal, da dieser die Wurfrichtung seitlich automatisch eingrenzt und eine Begrenzung nur noch hinter den Kegeln benötigt wird. Für jeden Spieler sollte unbedingt eine Sitzgelegenheit zur Verfügung stehen, damit sich alle bei Bedarf in der Warteposition setzen können. Vorbereitend wird die Markierung einer Abwurflinie vorgenommen, von der aus die einzelnen Spieler ihre Würfe tätigen. Gespielt werden kann einzeln oder in zwei Gruppen gegeneinander. Stehen die Kegel, kann der Erste mit drei Würfen versuchen, so viele Kegel wie möglich umzuwerfen. Anschließend werden die Kegel wieder aufgestellt und der Nächste ist mit drei Würfen an der Reihe. Die Anzahl der umgeworfenen Kegel wird für jeden Spieler oder jede Gruppe jeweils notiert. Die Spieler beschließen, wie viele Runden gekegelt werden. Am Ende eines Spiels werden alle Punkte der einzelnen Teilnehmer oder der Gruppen addiert. Die höchste Punktzahl gewinnt.

Spielvariante

Hausnummer: In einer Tabelle mit drei Spalten wird für jeden Kegler die Punktzahl der ersten Runde in die erste, die der zweiten Runde in die zweite und die der dritten in die dritte Spalte eingetragen. Wer am Schluss die höchste dreistellige Zahl erreicht, hat gewonnen. Möglich ist auch, in der ersten und zweiten Runde den jeweiligen Kegler entscheiden zu lassen, an welche Stelle (1., 2. oder 3. Spalte) die gerade erreichte Punktzahl eingetragen werden soll.

Steht kein Kegel-Spiel zur Verfügung, können auch Plastikgetränkeflaschen als Kegel dienen und ausrangierte Tennisbälle als Kugeln.

Boccia

Schwierigkeitsgrad: einfach

Spielmaterial: 1 „Boccia"-Spiel mit 8 Kugeln und 1 Zielkugel (Pallino), Papier und Stift

Gruppengröße: 2–4 Mitspieler; werden Zweierteams gebildet, können bis zu 8 Spieler mitspielen

Vorbereitung: Bieten Sie Sitzgelegenheiten für alle Mitspieler an. Markieren Sie die Abwurflinie.

Spielverlauf

Gespielt wird nach Möglichkeit draußen auf dem Rasen oder auf einem Schotterweg. Steht ein langer Flur mit Teppichboden zur Verfügung, kann auch dieser als wetterunabhängiger Spielort genutzt werden. Wichtig ist, dass für jeden Spieler eine Sitzgelegenheit zur Verfügung steht, damit er sich bei Bedarf in der Warteposition setzen kann. Vorbereitend wird die Markierung einer Abwurflinie vorgenommen, von der aus die einzelnen Spieler ihre Würfe tätigen können.

Alle Teilnehmer erhalten zwei nach Musterung oder Farbe identische Kugeln. Spielen vier Personen, kann die Gruppe beschließen, ob zwei Gruppen mit je zwei Mitgliedern gegeneinander spielen oder jeder für sich allein.

Ein Spieler wirft die Zielkugel. Ein Zweiter wirft eine seiner Kugeln so, dass sie möglichst nahe an der Zielkugel zu liegen kommt. Nacheinander werfen alle Spieler zunächst ihre erste und dann in der nächsten Runde ihre zweite Kugel. Dabei kann es passieren, dass eine andere Kugel oder auch die Zielkugel getroffen und verschoben wird. Sind alle Kugeln verspielt, hat der gewonnen, dessen Kugel am nächsten zur Zielkugel liegt. Für jede Kugel eines Spielers, die näher an der Zielkugel liegt als eine gegnerische, erhält der Gewinner einen Punkt, der für ihn notiert wird. Zum Schluss werden für jeden Spieler oder für jede Gruppe die Siegerpunkte zusammengezählt. Die höchste Punktzahl gewinnt. Die Gruppe kann zuvor festlegen, wie viele Runden oder bis zu wie viel Punkten sie spielen möchte.

Boccia

Spielvariante

Boccia ist ein Spiel, das bei Bedarf auch sehr gut **auf einem Tisch** gespielt werden kann.

- Entweder man belegt den Tisch mit einer einfarbigen Wolldecke, die sehr glatt gestrichen wird, und ersetzt die Kugeln durch unterschiedlich farbige Murmeln, die nicht geworfen, sondern geschnippt werden wie beim Murmelspiel ...
- ... oder es wird an einem Tisch mit einer glatten Fläche ohne Decke gespielt, allerdings mit ganz anderem Spielmaterial: Besonders geeignet sind die Kunststoffschraubverschlüsse von Getränkeflaschen, die es in verschiedenen Farben gibt. Eine Farbe oder ein Metallverschluss dient als Pallino. Je zwei Kappen in grün, blau, rot und gelb oder weiß ersetzen die Kugeln. Die Verschlüsse werden genau wie die Murmeln mit den Fingern geschnippt.

Gespielt wird bei beiden Varianten von einer festgelegten Tischkante aus, vor der bei Bedarf ein Stuhl steht, damit auch gesessen werden kann. Ansonsten gelten dieselben Regeln wie im Spielverlauf beschrieben.

Auch größere Knöpfe oder die Verschlüsse von Gläsern mit Instantbrühe sind als Spielmaterial gut geeignet. Ausschlaggebend sind die feinmotorischen Möglichkeiten der Mitspieler.

- Ein **anderes Spiel** mit denselben Materialien ergibt sich, wenn ein Tisch mit einer glatten Fläche an eine Wand stößt oder an einer langen Seite quer über den Tisch eine Barriere errichtet wird. Die Knöpfe oder Schraubverschlüsse sollten sich durch Farben oder Zeichen unterscheiden lassen, sodass jeder seine wiedererkennt. Von der gegenüberliegenden Seite aus kann dann reihum jeder einen Knopf oder Schraubverschluss gegen die Wand oder die Barriere schnippen. Wird kräftig genug geschnippt, prallt der Knopf oder Schraubverschluss gegen das Hindernis und rutscht wieder ein Stück zurück. Wenn alle ihren Gegenstand verschossen haben, wird verglichen, welcher am weitesten zurückgeprallt ist. Dessen Besitzer hat die Runde gewonnen.

ANHANG

Sprichwörter

Alle Tage ist kein Sonntag.
Alle Wege führen nach Rom.
Aller Anfang ist schwer.
Alte Liebe rostet nicht.
Alter geht vor Schönheit.
Alter schützt vor Torheit nicht.
Am Abend wird der Faule fleißig.
Andere Länder – andere Sitten.
Auch ein blindes Huhn findet mal ein Korn.
Auf jeden Topf passt ein Deckel.
Aufgeschoben ist nicht aufgehoben.
Aus den Augen, aus dem Sinn.
Aus der Not eine Tugend machen.
Aus Kindern werden Leute.
Aus Schaden wird man klug.

Bellende Hunde beißen nicht.
Besser den Spatz in der Hand als die Taube auf dem Dach.

Da ist Hopfen und Malz verloren.
Den Letzten beißen die Hunde.
Den Nagel auf den Kopf treffen.
Der Apfel fällt nicht weit vom Stamm.
Der Krug geht so lange zum Brunnen, bis er bricht.
Der Mensch lebt nicht vom Brot allein.
Die Axt im Haus erspart den Zimmermann.
Die dümmsten Bauern haben die dicksten Kartoffeln.
Die Katze lässt das Mausen nicht.
Die Zeit heilt alle Wunden.

Eigener Herd ist Goldes wert.
Ein gebranntes Kind scheut das Feuer.
Ein gutes Gewissen ist ein sanftes Ruhekissen.
Ein Unglück kommt selten allein.
Eine Hand wäscht die andere.
Eine Krähe hackt der anderen kein Auge aus.
Eine Schwalbe macht noch keinen Sommer.

Einem geschenkten Gaul schaut man nicht ins Maul.
Erst die Arbeit, dann das Vergnügen.
Erstens kommt es anders, zweitens als man denkt.
Es ist nicht alles Gold, was glänzt.
Es ist noch kein Meister vom Himmel gefallen.
Es wird nichts so heiß gegessen, wie es gekocht wird.
Essen und Trinken hält Leib und Seele zusammen.

Frisch gewagt ist halb gewonnen.
Früh krümmt sich, was ein Häkchen werden will.
Früh übt sich, wer ein Meister werden will.

Gegensätze ziehen sich an.
Geteiltes Leid ist halbes Leid.

Handwerk hat goldenen Boden.
Hunger ist der beste Koch.

In der allergrößten Not schmeckt die Wurst auch ohne Brot.
In der Kürze liegt die Würze.
In der Not frisst der Teufel Fliegen.
Ist die Katze aus dem Haus, tanzen die Mäuse auf dem Tisch.

Je später der Abend, desto schöner die Gäste.

Keine Rose ohne Dornen.
Kindermund tut Wahrheit kund.
Kleine Geschenke erhalten die Freundschaft.
Kommt Zeit, kommt Rat.

Lachen ist die beste Medizin.
Langes Fädchen, faules Mädchen
Lehrjahre sind keine Herrenjahre.
Lügen haben kurze Beine.

Man muss das Eisen schmieden, solange es heiß ist.
Man muss die Feste feiern, wie sie fallen.
Man soll den Tag nicht vor dem Abend loben.
Marmor, Stein und Eisen bricht, aber unsere Freundschaft nicht.
Messer, Gabel, Schere, Licht sind für kleine Kinder nicht.
Mit Geduld und Spucke fängt man eine Mucke.

Mit Speck fängt man Mäuse.
Morgen, morgen nur nicht heute, sagen alle faulen Leute.
Morgenstund hat Gold im Mund.

Neue Besen kehren gut.
Not lehrt beten.

Ohne Fleiß kein Preis.

Papier ist geduldig.
Probieren geht über Studieren.

Schlafende Hunde soll man nicht wecken.
Schuster, bleib bei deinem Leisten.
Sich regen bringt Segen.
Stille Wasser sind tief.

Trocken Brot macht Wangen rot.

Uebung macht den Meister.
Unkraut vergeht nicht.

Viele Hunde sind des Hasen Tod.
Viele Köche verderben den Brei.
Von nichts kommt nichts.

Was dem einen recht ist, ist dem anderen billig.
Was der Bauer nicht kennt, frisst er nicht.
Was du heute kannst besorgen, das verschiebe nicht auf morgen.
Was du nicht willst, das man dir tu, das füg auch keinem andern zu.
Was Hänschen nicht lernt, lernt Hans nimmermehr.
Was ich nicht weiß, macht mich nicht heiß.
Was lange währt, wird endlich gut.
Was man nicht im Kopf hat, muss man in den Beinen haben.
Was nicht ist, kann noch werden.
Was sich liebt, das neckt sich.
Wenn das Wörtchen „wenn" nicht wär, wär mein Vater Millionär.
Wenn der Hahn kräht auf dem Mist, ändert sich das Wetter, oder es bleibt, wie es ist.
Wenn es dem Esel zu wohl wird, geht er aufs Eis.
Wenn zwei sich streiten, freut sich der Dritte.
Wer A sagt, muss auch B sagen.

Wer andern eine Grube gräbt, fällt selbst hinein.
Wer den Pfennig nicht ehrt, ist des Talers nicht wert.
Wer die Wahl hat, hat die Qual.
Wer einmal lügt, dem glaubt man nicht, auch wenn er dann die Wahrheit spricht.
Wer im Glashaus sitzt, soll nicht mit Steinen werfen.
Wer langsam geht, kommt auch ans Ziel.
Wer nicht hören will, muss fühlen.
Wer nicht kommt zur rechten Zeit, der muss sehn, was übrig bleibt.
Wer nicht wagt, der nicht gewinnt.
Wer rastet, der rostet.
Wer zuletzt lacht, lacht am besten.
Wie die Alten sungen, so zwitschern auch die Jungen.
Wie man in den Wald hineinruft, so schallt es heraus.
Wie man sich bettet, so liegt man.
Wo gehobelt wird, fallen Späne.

Redewendungen

Auf dem Teppich bleiben
Auf den Hund kommen
Auf der Hut sein
Auf Messers Schneide stehen
Aus allen Wolken fallen
Aus der Haut fahren
Aus einer Mücke einen Elefanten machen

Blau sein wie ein Veilchen

Das geht auf keine Kuhhaut.
Das Gras wachsen hören
Das Haar in der Suppe finden
Das Handtuch werfen
Das Herz rutscht jemandem in die Hose
Das Kind mit dem Bade ausschütten
Den Bock zum Gärtner machen
Den Gürtel enger schnallen
Den Kopf in den Sand stecken

Den Kopf verlieren
Den Kürzeren ziehen
Den Nagel auf den Kopf treffen
Der Groschen ist gefallen.
Der Haussegen hängt schief.
Die Flinte ins Korn werfen
Die Hosen anhaben
Die Kirche im Dorf lassen
Die Kohlen aus dem Feuer holen
Die Ohren auf Durchzug stellen
Die Zähne zusammenbeißen
Durch die Lappen gehen

Ein dickes Fell haben
Ein Grünschnabel sein
Ein Hasenfuß sein
Ein Mauerblümchen sein
Ein Wolf im Schafspelz sein
Eine lange Leitung haben
Eine ruhige Kugel schieben
Einen Korb bekommen
Es ist fünf vor zwölf.
Es platzt jemandem der Kragen.
Etwas auf dem Kerbholz haben
Etwas auf die leichte Schulter nehmen
Etwas geht einem gegen den Strich.
Etwas liegt jemandem auf der Zunge.
Etwas unter den Teppich kehren
Etwas von der Pike auf lernen

Gegen den Strom schwimmen
Gesalzene/gepfefferte Preise haben

Hals über Kopf
Halsabschneider sein

Im Boden versinken
In den Seilen hängen
In die Luft gehen können

Jemand ist mit seinem Latein am Ende.
Jemandem auf den Leim gehen
Jemandem auf die Pelle rücken
Jemandem aufs Dach steigen
Jemandem das Fell über die Ohren ziehen
Jemandem das Herz brechen
Jemandem den Kopf verdrehen
Jemandem den Laufpass geben
Jemandem den Wind aus den Segeln nehmen
Jemandem die Leviten lesen
Jemandem die Suppe versalzen
Jemandem eine Gardinenpredigt halten
Jemandem einen Bären aufbinden
Jemandem einen Strich durch die Rechnung machen
Jemandem Feuer unter dem Hintern machen
Jemandem geht ein Licht auf.
Jemanden an der Nase herumführen
Jemanden auf die Folter spannen
Jemanden aufs Glatteis führen
Jemanden dorthin schicken, wo der Pfeffer wächst
Jemanden nicht riechen können
Jemanden sitzen lassen
Jemanden über den Löffel barbieren

Keinen Heller wert sein
Klar Schiff machen
Klinken putzen

Mit dem falschen Fuß aufstehen
Mit dem Kopf durch die Wand
Mit den Hühnern aufstehen/ins Bett gehen
Mit der Tür ins Haus fallen
Mit jemandem durch Dick und Dünn gehen
Mit jemandem ein Hühnchen rupfen
Mit jemandem Schlitten fahren

Nach Strich und Faden
Nägel mit Köpfen machen

Nicht auf den Kopf gefallen sein
Noch grün hinter den Ohren sein

Perlen vor die Säue werfen
Pfennigfuchser sein

Reden wie ein Wasserfall

Sein Herz verschenken
Seine Schäfchen ins Trockene bringen
Sich am Riemen reißen
Sich aus dem Staub machen
Sich den Mund fusselig reden
Sich die Suppe einbrocken
Sich etwas nicht träumen lassen
Sich in die Nesseln setzen
Sich ins gemachte Nest setzen
Sich nach der Decke strecken
Sich von seiner Schokoladenseite zeigen
Süßholz raspeln

Um den heißen Brei herumreden
Um Haaresbreite
Unter die Räder kommen

Von allen guten Geistern verlassen sein
Von der Hand in den Mund leben
Von Pontius zu Pilatus laufen

Wie bestellt und nicht abgeholt
Wie der Ochs vorm Berg
Wie ein Elefant im Porzellanladen
Wie Hund und Katze sein
Wie vom Schlag getroffen sein
Wir sitzen alle im selben Boot.

Zusammenhalten wie Pech und Schwefel

Liedanfänge

1. Zeile	2. Zeile
A, a, a, der Winter, der ist da!	Herbst und Sommer sind vergangen,
Alle Vögel sind schon da, alle Vögel, alle!	Welch ein Singen, Musizier'n, Pfeifen, Zwitschern, Tirilier'n
Alles neu macht der Mai,	macht die Seele frisch und frei.
Am Brunnen vor dem Tore, da steht ein Lindenbaum,	ich träumt in seinem Schatten so manchen süßen Traum.
Ännchen von Tharau ist's, die mir gefällt,	sie ist mein Reichtum, mein Gut und mein Geld.
Auf einem Baum ein Kuckuck,	sim saladim bamba saladu saladim,
Bruder Jakob, Bruder Jakob,	schläfst du noch? Schläfst du noch?
Das Wandern ist des Müllers Lust, das Wandern!	Das muss ein schlechter Müller sein,
Der Mai ist gekommen, die Bäume schlagen aus,	da bleibe, wer Lust hat, mit Sorgen zuhaus;
Der Mond ist aufgegangen,	die goldnen Sternlein prangen
Der Winter ist vergangen,	ich seh des Maien Schein,
Die Tiroler sind lustig,	die Tiroler sind froh
Du, du liegst mir im Herzen,	du, du liegst mir im Sinn.
Ein Heller und ein Batzen, die waren beide mein.	Der Heller ward zu Wasser, der Batzen ward zu Wein.
Ein Vogel wollte Hochzeit machen, in dem grünen Walde.	Fiderallala, fiderallala, fiderallalalala.
Es klappert die Mühle am rauschenden Bach, klipp klapp!	Bei Tag und bei Nacht ist der Müller stets wach, klipp klapp!
Freut euch des Lebens,	weil noch das Lämpchen glüht;
Fuchs, du hast die Gans gestohlen,	gib sie wieder her, gib sie wieder her!
Geh aus, mein Herz, und suche Freud	in dieser lieben Sommerzeit
Horch, was kommt von draußen rein? Hollahi, hollaho!	Wird wohl mein Feinsliebchen sein; hollahihaho!
Im Krug zum grünen Kranze	da kehrt' ich durstig ein:

1. Zeile	2. Zeile
Im Märzen der Bauer die Rösslein anspannt,	er setzt seine Felder und Wiesen in Stand.
Im schönsten Wiesengrunde ist meiner Heimat Haus;	da zog ich manche Stunde ins Tal hinaus.
In einem kühlen Grunde,	da steht ein Mühlenrad;
In einem Polenstädtchen	da lebte einst ein Mädchen
Jetzt fängt das schöne Frühjahr an,	und alles fängt zu blühen an
Jetzt kommen die lustigen Tage,	Schätzel, ade,
Kein schöner Land in dieser Zeit	als hier das unsre weit und breit,
Komm, lieber Mai, und mache	die Bäume wieder grün,
Kommt ein Vogel geflogen,	setzt sich nieder auf mein' Fuß
Kuckuck, Kuckuck, ruft's aus dem Wald.	Lasset uns singen, tanzen und springen.
Lustig ist das Zigeunerleben,	Faria, faria, ho.
Mein Vater war ein Wandersmann	und mir steckt's auch im Blut.
Nun ade, du mein lieb Heimatland,	lieb Heimatland, ade!
Nun will der Lenz uns grüßen,	von Mittag weht es lau;
Sah ein Knab ein Röslein stehn	Röslein auf der Heiden,
Schneeflöckchen, Weißröckchen,	wann kommst du geschneit;
Schwarzbraun ist die Haselnuss,	schwarzbraun bin auch ich, ja ich
Spannenlanger Hansel, nudeldicke Dirn,	gehn wir in den Garten, schütteln wir die Birn.
Weißt du, wie viel Sternlein stehen an dem blauen Himmelszelt?	Weißt du, wie viel Wolken gehen weithin über alle Welt?
Wem Gott will rechte Gunst erweisen,	den schickt er in die weite Welt,
Wenn alle Brünnlein fließen,	so muss man trinken;
Wenn ich ein Vöglein wär und auch zwei Flüglein hätt, flög ich zu dir	weil's aber nicht kann sein, bleib ich allhier.
Winter, ade!	Scheiden tut weh!
Wohlauf in Gottes schöne Welt, lebe wohl ade!	Die Luft ist warm und grün das Feld, lebe wohl, ade!

„Liedergeschichten“ (vgl. S. 103)

Die Geschichte vom Förster

Und in dem Schneegebirge, da lebte ein junger Förster, der war so nett, dass jeder zu ihm sagte: „**O du lieber Augustin**“. Er lebte mit seiner Familie tief **im grünen Wald, dort wo die Drossel singt**, inmitten eines wildreichen Forstreviers. Dort ging er gern zum Jagen. Doch seine Frau, die **Anneliese**, hatte ein ziemlich loses Mundwerk. Machte er sich für die Jagd fertig, meinte sie: „**Auf, auf zum fröhlichen Jagen! Bring reiche Beute heim!**“. Aber nicht immer war die Jagd erfolgreich. Dann ärgerte sie ihn gerne. Ja, er hatte es nicht leicht mit ihr.
Die beiden hatten zwei Kinder, den **spannenlangen Hansel und die nudeldicke Dirn**. Einmal, als die beiden Kinder am Waldrand spielten, sahen sie einen Fuchs. Der trug etwas Weißes in der Schnauze. Das Mädchen schrie: „**Fuchs, du hast die Gans gestohlen! Gib sie wieder her!**“ Die Kinder sahen einen wilden Reiter, **den Jäger aus Kurpfalz**, der ritt durch den grünen Wald und wollte dem Fuchs die Gans abjagen. Doch er hat keine Chance.
Wegen der geklauten Gans war die Frau des Försters sehr sauer auf ihren Mann, weil er die Gänse nicht vor dem Fuchs geschützt hatte. Als der Förster nichtsahnend nach Hause kam, rief seine Frau: „**Horch, was kommt von draußen rein?** Bist du auch endlich da? Deinen Gänsebraten für Sonntag hat der Fuchs geholt. Der war mehr auf Zack als du.“
Um sie zu beschwichtigen, holte er ihr einen ganz besonderen Blumenstrauß, nämlich **weiße Rosen aus Athen**. Darüber freute sich die Frau sehr und meinte: „Ja, **die Liebe ist ein seltsames Spiel**.“ Der Förster sah sie an und dachte: „**Rote Lippen soll man küssen!**“ und küsste sie. Sie versöhnten sich und waren sich einig: Egal, was passiert, wir wollen niemals auseinandergehn, denn **Marmor, Stein und Eisen bricht, ...!** *(Von den Zuhörern ergänzen lassen.)*

Eine Seefahrt, die ist lustig

Die Fahrt sollte Richtung Süden gehen. Die Matrosen wurden von ihren Müttern und Bräuten verabschiedet. Sie winkten und riefen: „Junge, komm bald wieder". Doch die Matrosen freuten sich, dass es endlich losging. Sie hatten Fernweh und sangen: „Ab in den Süden!" Sie wollten der Sonne entgegen und schipperten Richtung Italien, wo die Capri Fischer in der Abendsonne saßen und ihre Netze flickten. Dort angekommen, machten sie sich sofort an die Arbeit. Bald war alles an Bord, was geladen werden sollte, und sie machten sich wieder auf den Weg. Vor einer Insel ging der Motor kaputt. Und wie immer war es auch damals so: Ein Unglück kommt selten allein. Der Kapitän meinte: „Es liegt was in der Luft!" Und tatsächlich, viele Matrosen erkrankten. Sie lagen vor Madagaskar. Sie träumten von der Heimat und sangen: „Der Mond von Wanne-Eickel ..."
Doch der Kapitän ermahnte sie: „Seemann, deine Heimat ist das Meer!" Ein Matrose träumte von Hawaii. Doch da waren sie sich schnell einig: „Es gibt kein Bier auf Hawaii, was sollen wir da?"
Langsam erholten sich alle Matrosen. Das Schiff wurde wieder flottgemacht. Und dann ging es endlich heimwärts. Doch es kam Sturm auf. Aber die Matrosen waren ganze Kerle und trotzten dem Wetter. Sie riefen: „Wir lieben die Stürme, die brausenden Wogen". Trotz der ganzen Abenteuer dachten sie sehnsüchtig an ihre Liebsten zu Hause und freuten sich auf das Wiedersehen. Der Heimathafen war für ihre Ankunft geschmückt worden. Dort wusste man: Ein Schiff wird kommen und mit ihm unsere Jungs! Und wenn die bunten Fahnen wehen und sie winkend empfangen werden, dann sind die Strapazen der Reise schnell vergessen. Sie fielen ihren Lieben in die Arme und baten ihre Liebste: „Tanze mit mir in den Morgen!" Alle waren glücklich und sich einig: So ein Tag, so wunderschön wie heute. Ach, würde der doch nie vergehen!

So ein Tag ...

Mariechen saß weinend im Garten. Jakob wollte sie trösten: „Aber Herzilein, sei doch nicht traurig! Was ist denn los?“ „Ach, nichts will so recht blühen. Der Garten ist so trostlos.“ „Aber Mariechen, davon geht die Welt nicht unter! Ich schenk dir weiße Rosen aus Athen oder Tulpen aus Amsterdam. Du weißt doch, für dich und für Gabi tu ich alles.“

Gabi, ihre Tochter, war heute bei der Oma, weil sie zu einer Party eingeladen waren. Endlich Wochenend' und Sonnenschein, Grillen und Freunde treffen! Mariechen ließ sich trösten und meinte: „Wenn der weiße Flieder wieder blüht, sieht alles wieder viel freundlicher aus.“ Sie machten sich auf den Weg zu ihren Freunden. Unterwegs trafen sie Adelheid, die schon von Weitem grüßte: „Hallo, Bruder Jakob, du siehst ganz verschlafen aus! Hello Mary Lou!“ Adelheid hielt einen Gartenzwerg in der Hand und reichte ihn Mariechen: „Sieh mal, den schenke ich dir! Du hast dir doch immer einen gewünscht.“ Mariechen strahlte. Fröhlich schwatzend legten sie den restlichen Weg zurück und trafen bei den Freunden ein.

Alle begrüßten sich herzlich: „Hallo! Ist es nicht herrlich? Veronika, der Lenz ist da!“ „Ja und im Prater blüh'n wieder die Bäume!“ Ein anderer erzählte: „Ich hab' das Fräulein Helen baden seh'n, im Pool trotz der niedrigen Temperaturen. Eine junge Frau kam hinzu: „Ich bin die fesche Lola ...“ Lachend stellte einer der Anwesenden sie den anderen vor und erklärte: „Das ist Lola. Ich hab' mein Herz in Heidelberg verloren an sie. Sie ist immer fröhlich und zu einem Spaß aufgelegt.“ Lola erwiderte: „Ach, Egon, Egon, Egon, Egon, das macht die Liebe zu dir. Komm und tanze mit mir in den Morgen!“ Michaela hatte Musik aufgelegt. Ein Paar tanzte bereits. Eine junge Tänzerin fragte ihren Tanzpartner irritiert: „Was machst du mit dem Knie, lieber Hans?“ Er wollte ihr imponieren: „Das hab' ich in Paris gelernt!“, und nahm sie in den Arm: „Ach, Rosamunde, wenn du mir doch endlich dein Herz schenken würdest. Dann wäre ich so glücklich!“

Während die einen tanzten, unterhielten sich die anderen. Es ging um Fußball. Einer klopfte Theo auf die Schulter und erklärte: „Der Theodor im Fußballtor ist einfach Spitze!“ Die Frauen planten ihren Sommerurlaub. Veronika rief: „Theo, wir fahr'n nach Lodz!“ „Aber Veronika, an der Nordseeküste ist es doch auch schön“, antwortete dieser. Egon berichtete von einer Wochenendtour: „... und dann waren wir auf der Reeperbahn nachts um halb eins. Ja, in Hamburg sind die Nächte lang!“ Und auch diese Nacht war richtig lang. Irgendwann polterte es auf dem Flur. Jemand meinte: „Ich glaube, da steht ein Pferd auf'm Flur!“. Michaela rieb sich die Augen: „Quatsch!“ Sie öffnete die Tür. „Der Eiermann!“ Es war schon Morgen.

„Bewegungsgeschichten" (vgl. S. 178)

Ein spontaner Ausflug

Morgens nach dem Aufstehen sehen wir aus dem Fenster und denken: Das Wetter ist so schön, da müssen wir raus. Wir gehen wandern. Am besten ... *(Ort oder Wandergebiet in der Nähe benennen, z. B. im Sauerland)*. Das liegt schön nah. Es gibt wunderbare Wege, die Landschaft ist schön. Wo sollen wir starten? *(Ort benennen, z. B. Attendorn)*
Na gut, dann aber los! Ab geht's ins Bad und unter die Dusche. Kurz einseifen *(Mit entsprechenden Bewegungen Gesicht, Hals, Arme, Schultern, Körper, soweit es geht, auch am Rücken, Beine leicht abreiben)* und abbrausen *(Rechter Arm hoch, dann linker und den Körper wie unter dem Wasserstrahl leicht hin und her bewegen, in der Hüfte leicht drehen, dann das rechte Bein und den Fuß unter das Wasser halten, d. h. leicht anheben und etwas vor- und zurückbewegen, dann das linke)*.
Erfrischt von der Dusche, greifen wir nach dem Handtuch und rubbeln uns gut ab. *(Mit entsprechenden Bewegungen alles gut abreiben)*
Fertig! Was ziehen wir heute an? *(Die Teilnehmer einzelne Kleidungsstücke benennen lassen und die entsprechenden Bewegungen beim Anziehen durchführen)*
Es wird noch schnell gefrühstückt, die Sachen werden gepackt und dann geht es los!

Wir fahren bis ... *(Ort s. oben)* Dort parken wir das Auto am Waldrand und Abmarsch! Mit einem Lied auf den Lippen marschieren wir los. Was singen wir? *(Wanderlied überlegen, singen, deutliche Gehbewegungen machen und die Arme gegengleich mitschwingen, d. h. rechtes Bein setzt den Schritt – linker Arm schwingt vor und umgekehrt, Füße gut abrollen)*
Wir treffen andere Wanderer, grüßen sie und winken. *(Mit rechts und links nacheinander deutlich nach rechts und links winken)*
Der Weg schlängelt sich mal nach rechts *(Gehbewegungen nach rechts)*, mal nach links *(Gehbewegungen nach links)*. Mal geht es mühsam steil bergauf *(Etwas vorbeugen und Knie leicht höher ziehen, als würde man steigen)*, mal runter *(Oberkörper etwas zurücklehnen und mit den Füßen vorsichtig tastend langsam gehen, Arme mitbewegen)*. Nach einiger Zeit kommen wir zu einer Lichtung und sehen uns um. *(Kopf und Oberkörper so weit wie möglich nach rechts und nach links drehen, dabei die Augen mitbewegen)* In einiger Entfernung entdecken wir einen Trimm-dich-Pfad. Wir beschließen, einige Turnübungen auszuprobieren. *(Jeder macht eine Bewegungsübung vor, alle machen mit.)*

So, nun aber weiter zum Rastplatz. Langsam haben wir uns eine Pause verdient. Wir müssen noch ein Stückchen laufen. Aber mit Singen geht es leichter! Wer weiß noch ein Wanderlied? *(Wieder singen und deutlich dazu Laufbewegungen machen)* Geschafft! Wir sind angekommen. Einfach herrlich! Jetzt machen wir erst mal eine Rast. Hier gibt es Tische und Bänke. Für alle ist Platz und wir lassen uns nieder. Wir sind froh, dass wir es geschafft haben, und strecken alle viere von uns. Tut das gut! *(Locker in den Stuhl sacken lassen)*
Wir blicken noch einmal in die Ferne. Der Himmel ist weit. Die Luft ist klar und rein. Wir atmen tief ein und aus *(2- bis 3-mal tief in den Bauch atmen lassen)* und schließen die Augen. *(Augen schließen lassen)* Wir spüren, wie die Sonne uns angenehm wärmt. Ein ganz leichter Wind erfrischt das Gesicht. Wir fühlen uns richtig wohl. Wir träumen etwas vor uns hin und genießen die Ruhe. Es ist ganz ruhig und warm. Wir sind völlig entspannt und merken, wie gut uns das tut. Wir genießen dieses Gefühl. *(Pause)* Nach einiger Zeit sind wir gut ausgeruht, ballen die Hände zu Fäusten – und auf und zu und noch 2- bis 3-mal, beginnen, uns zu räkeln und zu strecken, gähnen herzhaft *(Alle Bewegungen intensiv ausführen)* und sind wieder im Hier und Jetzt angekommen.

Oje, es ist spät geworden. Nun aber nichts wie zurück. Mit einem Abendlied auf den Lippen machen wir uns auf den Heimweg: „Kein schöner Land in dieser Zeit“. *(Singen)*
Wir erreichen das Auto, fahren gemütlich nach Hause und lassen diesen wunderschönen Tag noch einmal in Gedanken vorüberziehen.

Am Meer

Wir sind für ein paar Tage an die Küste gefahren. Wohin? *(Ort überlegen, z. B. ein Ort auf einer Insel oder an der Nordseeküste)* Gestern Abend sind wir angekommen. Wir haben gut geschlafen und morgens überlegen wir uns: Heute geht's an den Strand. Die Sonne scheint. Und es ist richtig schön warm. Es gibt wunderbare Wege durch die Dünen und am Strand entlang. Dort können wir laufen, baden oder einfach das Meer und die Sonne genießen.
Aber erst einmal müssen wir aufstehen. Wir recken und strecken uns ausgiebig. *(Strecken und räkeln)* Auch gähnen ist erlaubt! *(Laut und herzhaft gähnen)* Und wir schwingen die Beine aus dem Bett. *(Mit den Händen am Stuhl festhalten, die Beine etwas anheben und leicht schwingen)*
Wir stehen auf, gehen ins Bad, frühstücken und überlegen, was wir einpacken müssen. *(Gemeinsam überlegen, was man mitnimmt, Badezeug nicht vergessen!)*

Dann kann es losgehen! Es geht Richtung Dünen, den Dünenweg entlang bis zum Strand. *(Deutliche Gehbewegungen machen und die Arme gegengleich mitschwingen, d. h. wenn das rechte Bein sich hebt, schwingt der linke Arm nach vorn und umgekehrt)* Aber mit einem Lied auf den Lippen läuft es sich noch mal so gut! *(Ein Seemanns- oder Wanderlied überlegen und zu den Laufbewegungen singen)* Nach einiger Zeit haben wir den Strand erreicht. Wir stapfen durch den Sand, *(Langsam gehen, die Füße gut abrollen und die Knie etwas höher ziehen)* und suchen uns ein schattiges Plätzchen, wo wir uns niederlassen können. Dort angekommen, lockt uns das Wasser. Wir legen unsere Sachen ab und nähern uns dem Wassersaum. Das Meer ist ganz ruhig. Die Wellen plätschern sachte vor und zurück, immer wieder. Wir tauchen vorsichtig erst den rechten großen Zeh ins Wasser, dann den linken. *(Bewegungen mehrmals vollziehen)* Wir bücken uns, tauchen auch die Hände einmal ein und kühlen mit etwas Wasser die Arme. *(Bücken, die Hände durchs Wasser bewegen, erst mit rechts, dann mit links etwas Wasser schöpfen und an den Unterarmen entlangfließen lassen, wieder aufrichten)* Die Wassertemperatur ist angenehm kühl. Wir gehen noch einen Schritt vor *(Einen nach dem anderen Fuß etwas vorstellen)* und lassen die Füße von den Wellen umspielen. Jetzt genießen wir erst einmal den herrlichen Ausblick über das Meer. Wir legen eine Hand schützend über die Augen *(Bewegungen jeweils wie genannt durchführen)*, drehen den Kopf langsam hin und her und sehen nach rechts und nach links. Wir wechseln die Hand, drehen uns in der Hüfte hin und her und sehen noch einmal nach rechts und nach links. Die Sicht ist klar. Wir können weit gucken, entdecken Schiffe in der Ferne und sehen die Möwen durch die Lüfte schweben. Einfach herrlich! Langsam gehen *(Ge-*

hen) wir ins Wasser hinein, bis wir die ersten Züge schwimmen können *(Bewegungen der Arme wie beim Brustschwimmen, 8-mal)*. Wir kraulen etwas *(Kraulbewegungen, 8-mal)*, dann legen wir uns auf den Rücken, paddeln ein wenig mit den Füßen und genießen die Ruhe. *(Körper zurücklehnen, Beine strecken und abwechselnd mit beiden Beinen und Füßen leichte Auf-und-Ab-Bewegungen)*. Langsam verlassen wir das Wasser wieder und gehen zu unseren Sachen zurück. Erfrischt greifen wir nach dem Handtuch und rubbeln uns gut ab. *(Mit entsprechenden Bewegungen Gesicht, Arme, Beine, Körper leicht abreiben)*

Jetzt haben wir uns aber eine Pause verdient. Wir breiten das Handtuch aus und lassen uns im warmen Sand nieder. Wir machen es uns gemütlich und sind froh, hier zu sein. Tut das gut! *(Locker in den Stuhl sacken lassen)* Der Himmel ist weit. Die Luft ist klar und rein. Wir atmen sie tief ein, 2- bis 3-mal. *(Tief in den Bauch atmen lassen)* Wir blicken in die Ferne, sehen den Horizont, kleine, weiße Wölkchen, die am Himmel ziehen *(Pause)*, rechts und links Kinder spielen – und Sandburgen bauen – oder Muscheln suchen. Herrliche Muscheln und hin und wieder sind ein Krebs oder ein Seestern zu finden. *(Pause)*. Wir spüren, wie die Sonne uns wärmt. Ein ganz leichter Wind erfrischt das Gesicht. *(Pause)*. Wir hören die Kinder, – die Möwen – und die Wellen *(Pause)*, riechen das Meer *(Pause)* und schmecken die salzige Luft. *(Pause)* Wir fühlen uns richtig wohl und genießen das Plätschern der Wellen. Es ist angenehm warm. Wir sind entspannt und dösen noch ein bisschen vor uns hin. *(Kleine Pause)* Gut ausgeruht, beginnen wir, uns zu räkeln und zu strecken, ballen die Hände zu Fäusten – und auf und zu und noch 2- bis 3-mal und gähnen herzhaft. *(Bewegungen intensiv vollziehen)* Das hat gutgetan! Langsam denken wir an den Heimweg, stehen auf und schütteln den Sand ab. *(Arme, Beine, den Körper locker ausschütteln)* Mit einem Abendlied auf den Lippen machen wir uns auf den Heimweg: *(Abendlied überlegen und singen, Laufbewegungen)*

Ein wildes Abenteuer

Gehen Sie auch so gern spazieren? Im Wald und auf der Heide? Na, dann kommen Sie doch mit! Zunächst gehen wir ganz gemütlich *(Deutliche Gehbewegungen machen und die Arme gegengleich mitschwingen, d. h. wenn das rechte Bein sich hebt, schwingt der linke Arm nach vorn und umgekehrt)* durch Wiesen und Felder und weil es mit Gesang besser geht, stimmen wir ein Lied an. Aber welches? *(Gemeinsam ein Lied überlegen und zu den Laufbewegungen singen)*
Nach einiger Zeit kommen wir an einem idyllischen, kleinen Teich vorbei, wo Unmengen Mücken herumschwirren, die wir vertreiben müssen. *(Mit Armen und Händen wild herumfuchteln)* Plötzlich merken wir, dass wir uns verlaufen haben. Uns bleibt nichts anderes übrig, als über einen Zaun zu klettern. *(Sich mit den Händen festhalten und die Beine nacheinander hochziehen, als würde man über etwas steigen)* Geschafft! Es kann weitergehen über eine Wiese *(wieder gehen)* und dann auf einem schmalen Pfad zwischen hohen Büschen hindurch. Immer wieder müssen wir die Zweige zur Seite schieben, um durchzukommen. *(Möglichst während des Laufens die Arme strecken und abwechselnd nach rechts und links bewegen)* Allmählich kommen wir in einen lichten Laubwald. Doch leider finden wir den Weg nicht und müssen querfeldein gehen. Herabhängende Zweige müssen immer wieder angehoben werden, sodass wir darunter gehen können. *(Abwechselnd rechts und links den Arm heben, den Rumpf beugen, als wolle man sich unter dem Arm her bücken)* Gott sei Dank! Endlich finden wir einen Weg! Der ist jedoch auf den ersten Metern sehr steinig und glitschig. Wir müssen gut aufpassen, wohin wir treten, und vorsichtig mit den Fußspitzen eine sichere Stelle zum Auftreten suchen. *(Den Fuß dabei leicht etwas hin- und herdrehen, dann auftreten)* Vor uns liegt etwas entfernt auf einer Höhe eine Lichtung. Hoffentlich gibt es da eine Bank, auf der wir uns ausruhen können. Ganz schön geschafft steigen wir langsam den Hügel hinauf *(Bei den Gehbewegungen die Knie etwas mehr anheben)* und sehen *(Eine Hand über die Augen legen)* – oje! – ein Wildschwein! Auge in Auge.

Was jetzt? Nix wie weg! Wir schleichen langsam rückwärts *(Entsprechende schleichende Rückwärtsbewegungen)* den Hügel hinunter, so schnell wie möglich über den glitschigen Weg *(Bewegungen wie oben, aber schneller)*, drehen uns um und rennen los! *(Tempo insgesamt erhöhen, schnelle Laufbewegungen)* Durch den Laubwald unter den Zweigen her *(Schnell abwechselnd rechts und links den Arm heben, den Rumpf beugen, als wolle man sich unter dem Arm her bücken)*, über den schmalen Pfad zwischen den Büschen durch *(Möglichst während des schnellen Laufens die Arme strecken und abwechselnd nach rechts und links bewegen)*, über die Wiese *(Laufen)*, über den Zaun *(Die Beine nacheinander stark hochziehen, als würde man klettern)*, am Mückenteich vorbei *(Mit Armen und Händen wild herumfuchteln)* und durch Wiesen und Felder *(Laufen)*.

Schnell zu Hause die Treppe rauf *(Knie hochziehen wie beim Treppensteigen und mit beiden Händen abwechselnd am Geländer festhalten)*, Tür auf, rein, Tür zu! Geschafft! Wir sind in Sicherheit. Wir lassen uns in einen Sessel fallen und verschnaufen erst einmal. *(Locker in den Stuhl sacken lassen und alle viere von sich strecken)* Als wir uns etwas erholt haben, klingelt das Telefon. Es ist eine Nachbarin. Aufgeregt erzählen wir ihr, was wir erlebt haben. Und – hören schallendes Lachen! Sie fragt: „Haben Sie die Zeitung nicht gelesen? Da steht doch heute drin, dass auf der Lichtung ein Spielplatz eingerichtet wurde mit lebensgroßen Figuren von heimischen wilden Tieren, auch von einem Wildschwein."

Mit fitten Gruppen kann der mittlere Teil (Rückweg) im Rahmen einer Merkübung von den Senioren selbst rekonstruiert werden.

ABC-Tafel 1 zu „Buchstabieren“ (vgl. S. 91)

A	B	C	D
E	F	☺	G
H	I	J	K
L	M	N	O
P	Q	R	S
T	☺	U	V
W	X	Y	Z

ABC-Tafel 2 zu „Buchstabieren“ (vgl. S. 91)

F	W	E	U
B	R	☺	J
O	I	A	M
L	D	T	G
H	V	P	X
Y	☺	N	C
K	Z	S	Q

Bilder zu „Auf den Inhalt kommt es an“ (vgl. S. 110) (1/5)

Bilder zu „Auf den Inhalt kommt es an“ (vgl. S. 110) (2/5)

Bilder zu „Auf den Inhalt kommt es an“ (vgl. S. 110) (3/5)

Bilder zu „Auf den Inhalt kommt es an“ (vgl. S. 110) (4/5)

(vgl. S. 110)

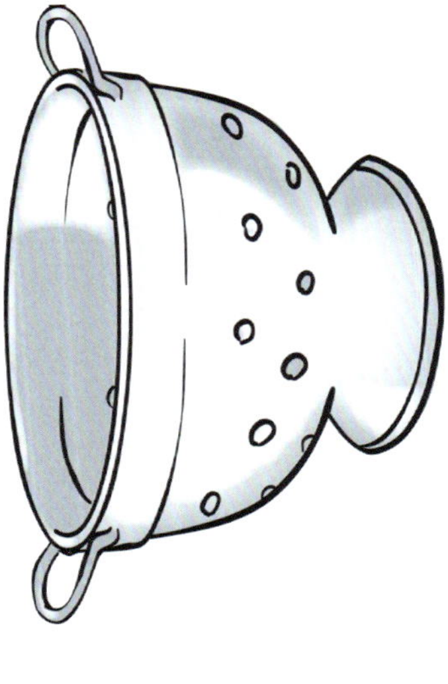

Bilder zu „Auf den Inhalt kommt es an" (vgl. S. 110) (5/5)

ÜBERSICHTSTABELLEN

G = Gesellschafts-, Glücks- und andere Spiele
D = Denk- und Konzentrationsspiele
W = Wahrnehmungsspiele
B = Bewegungsspiele
V = mit Spielvarianten, teils mit sehr unterschiedlichen Anforderungen von sehr einfach bis schwer
V+ = mit einfacheren Spielvarianten oder Hinweisen für Menschen mit Demenz

Sehr einfach (geeignet für Menschen mit Demenz):

Angeln (**G**), **V** .53
Bewegen nach Musik (**B**), **V** 169
Bewegungsgeschichten (**B**) 178
Bingo (**G**). 61
Bitte weiterreichen! (**B**), **V** 171
Das Blumenspiel (**G**), **V**. 37
Das Sockenspiel (**G**), **V** 62
Der Ballon darf den Boden nicht berühren! (**B**), **V**. 165
Die höchste Zahl gewinnt (**G**) 42
Eier werfen (**B**) 180
Erinnerungskisten (**G**), **V**. 75
Geben und Nehmen (**G**) 47
Karten anlegen (**G**), **V**. 34
Klammerhüpfen (**G**) 40
Lass rollen! (**B**), **V** 167
Lücken füllen (**D**). 98
Lügen und Betrügen (**G**) 32
Moderne Kunst (**G**) 39
Murmelspiel (**B**), **V** 181
Obstsalat (**G**), **V**. 35
Puzzeln mit geteilten Bildern (**G**) 56
Quartett (**G**). 31
Schokolade essen (**G**) 48
Schwarzer Peter (**G**) 30
Sechs zählt (**G**), **V** 43
Spielen mit Memo-Karten nach vereinfachten Regeln (**G**). 58
Sprüche klopfen (**G**), **V** 73
Stapeln (**G**), **V** 55
Vernetzen (**B**), **V** 162
Was passt zusammen? (**W**), **V** 139
Wer hat das Bild? (**G**), **V** 59

Einfach (geeignet für Menschen mit Demenz):

1 bis 9 im Quadrat (**G**), **V**. 46
ABC-Wörtersuche (**D**), **V** 80
Aktive Runde (**B**), **V** 160
Alles zählt, Eins verliert (**G**) 44
Auf den Inhalt kommt es an! (**D**), **V** . . 110
Bewegen und Denken (**B**), **V** 163
Bildbetrachtung (**W**), **V**. 136
Boccia (**B**), **V** 183
Buchstabieren (**D**), **V**. 91
Deckel drauf (**W**), **V** 145
Der Erbsenpool (**W**), **V** 147
Der richtige Riecher (**W**), **V**. 153
Domino (**G**), **V**. 49
Eine Liebesgeschichte zum Nachdenken (**D**) 117
Fühl-Domino (**W**) 144

Fühl-Memo-Spiel (W), V 142
Fühlsack oder -kiste (W), V. 140
Geräusche erzeugen (W), V 148
Geschmacksache (W), V. 152
Hör-Memo-Spiel (W), V. 150
Ich sehe was, was du nicht siehst ... (W), V 232
Kegeln (B), V. 182
Klatsch mal! (D), V 126
Kniffeln nach vereinfachten Regeln (G) 45
Lieder raten (D), V. 108
Märchenstunde (G) 36
Mau-Mau (G), V. 33
Mit allen Sinnen (W)), V 156
Scharade oder Pantomime (G), V 66
Schlapp hat den Hut verloren (D), V+ . .52
Stadt – Land – Fluss (D), V. 78
Stehrümchen (G). 69
Stille Post mit Berührung (W), V. . . . 146
Summ, summ, summ (W), V 149
Teilansichten (W), V 134
Überraschungspäckchen (W) 155
Unterschiede finden (W), V 138
Was fällt mir dazu ein? (D), V 106
Wer kennt sich aus? (D), V 82
Wie die Montagsmaler (G), V 64
Wörter finden (D), V 84
Würfeln mit einem Würfel (G), V 41
Zuspielen mit Fliegenklatschen (B) . . 166

Mittel
(bedingt geeignet für Menschen mit Demenz):

Anagramme (D) 88
Autorenwettbewerb (D), V 102
Beide Hände im Einsatz (D), V 128
Bewegungen spiegeln (B), V 161
Bewegungen erwürfeln (B), V, V+ . . 174
Bitte merken! (D), V 130
Die große Suche (D), V 125
Die Linke im Einsatz (D), V 127
Drei in Eins (G) 68
Eines passt nicht! (D), V, V+ 115
Galgenmännchen ohne Galgen (D), V 90
Gemeinsam formulieren (D), V. 95
Geschichten erzählen (D), V, V+ 101
Ja oder Nein? (D), V. 123
Kalender gestalten (D), V+ 113
Knobeln mit Streichhölzern (G), V+. . . 51
Liedergeschichten (D), V+. 103
Puzzeln mit Texten (D), V 100
Stabreime und verrückte Sätze (D), V . .93
Teekesselchen (D). 109
Themenorientierte, selbst gestaltete Spiele (G), V+. 70
Verkehrte Anatomie (D), V 124
Was ist das? (D), V, V+. 104
Wer kauft was? (D) 112
Wiederherstellen (D), V 97
Wörter und ihre Verkettung (D), V 87
Wörtersuche mit Würfel (D), V 86
Zuwerfen nach Regeln (B), V 164

Schwer

Bewegungskette (B). 173
Buchstabenspiele (D), V, V+ 89
Das 1x1 mal anders (D) 121
Entenfüße zählen (D) 122
Kofferpacken (D), V. 129

Rückwärts buchstabieren (D) 92
Superzahl (D) 120
Wer bist du? (D), V 114
Zahlenpantomime (B), V. 176

Geeignet für die Einzelbetreuung

1 bis 9 im Quadrat (G), V. 46
ABC-Wörtersuche (D), V. 80
Aktive Runde (B), V 160
Alles zählt, Eins verliert (G) 44
Anagramme (D) 88
Angeln (G), V 53
Auf den Inhalt kommt es an! (D), V . . 110
Autorenwettbewerb (D), V 102
Beide Hände im Einsatz (D), V 128
Bewegen nach Musik (B), V 169
Bewegen und Denken (B), V 163
Bewegungen erwürfeln (B), V, V+ . . 174
Bewegungen spiegeln (B), V 161
Bewegungsgeschichten (B) 178
Bewegungskette (B). 173
Bildbetrachtung (W), V 136
Bingo (G). 61
Bitte merken! (D), V 130
Boccia (B), V 183
Buchstabenspiele (D), V, V+ 89
Buchstabieren (D), V. 91
Das 1x1 mal anders (D) 121
Das Blumenspiel (G), V. 37
Das Sockenspiel (G), V 62
Deckel drauf (W), V. 145
Der Ballon darf den Boden nicht berühren! (B), V. 165
Der Erbsenpool (W), V 147
Der richtige Riecher (W), V. 153
Die große Suche (D), V 125
Die höchste Zahl gewinnt (G) 42
Die Linke im Einsatz (D), V 127
Domino (G), V 49
Drei in Eins (G) 68
Eier werfen (B) 180
Eine Liebesgeschichte zum Nachdenken (D). 117
Eines passt nicht! (D), V, V+ 115
Erinnerungskisten (G), V. 75
Fühl-Domino (W) 144
Fühl-Memo-Spiel (W), V 142
Fühlsack oder -kiste (W), V. 140
Galgenmännchen ohne Galgen 90 (D), V 90
Gemeinsam formulieren (D), V. 95
Geräusche erzeugen (W), V 148
Geschichten erzählen (D), V, V+ 101
Geschmacksache (W), V. 152
Hör-Memo-Spiel (W), V. 150
Ich sehe was, was du nicht siehst ... (W), V 132
Ja oder Nein? (D), V. 123
Kalender gestalten (D), V+ 113
Karten anlegen (G), V 34
Kegeln (B), V. 182
Klammerhüpfen (G) 40
Kniffeln nach vereinfachten Regeln (G) 45
Kofferpacken (D), V. 129
Lass rollen! (B), V 167
Lieder raten (D), V. 108
Liedergeschichten (D), V+. 103
Lücken füllen (D). 98
Lügen und Betrügen (G) 32
Märchenstunde (G). 36
Mau-Mau (G), V. 33
Mit allen Sinnen (W), V. 156
Moderne Kunst (G) 39

Murmelspiel (B), V 181
Obstsalat (G), V. 35
Puzzeln mit geteilten Bildern (G) 56
Puzzeln mit Texten (D), V 100
Quartett (G) 31
Rückwärts buchstabieren (D) 92
Scharade oder Pantomime (G), V 66
Schwarzer Peter (G) 30
Sechs zählt (G), V 43
Spielen mit Memo-Karten nach vereinfachten Regeln (G) 58
Sprüche klopfen (G), V 73
Stabreime und verrückte Sätze (D), V 93
Stadt – Land – Fluss (D), V 78
Stapeln (G), V .55
Stille Post mit Berührung (W), V . . . 146
Summ, summ, summ (W), V 149
Superzahl (D) 120
Teekesselchen (D) 109
Teilansichten (W), V 134
Themenorientierte, selbst gestaltete Spiele (G), V+. 70
Überraschungspäckchen (W) 155
Unterschiede finden (W), V 138
Verkehrte Anatomie (D), V 124
Was fällt mir dazu ein? (D), V 106
Was ist das? (D), V, V+. 104
Was passt zusammen? (W), V 139
Wer bist du? (D), V 114
Wer hat das Bild? (G), V 59
Wer kauft was? (D) 112
Wer kennt sich aus? (D), V 82
Wie die Montagsmaler (G), V 64
Wiederherstellen (D), V 97
Wörter finden (D), V 84
Wörter und ihre Verkettung (D), V . . .87
Wörtersuche mit Würfel (D), V 86
Würfeln mit einem Würfel (G), V 41
Zahlenpantomime (B), V. 176
Zuspielen mit Fliegenklatschen (B) . . 166

Nicht geeignet für die Einzelbetreuung

Bitte weiterreichen! (B) 171
Entenfüße zählen (D) 122
Geben und Nehmen (G) 47
Klatsch mal! (D), V 126
Knobeln mit Streichhölzern (G). 51
Schlapp hat den Hut verloren (D) 52
Schokolade essen (G) 48
Stehrümchen (G). 69
Vernetzen (B) 162
Zuwerfen nach Regeln (B) 164

Spiele nur für kleinere Gruppen (max. 6–8 Teilnehmer)

1 bis 9 im Quadrat (G), V. 46
Angeln (G), (V) 53
Boccia (B), V 183
Buchstabenspiele (D), V, V+ 89
Das Blumenspiel (G), V. 37
Das Sockenspiel (G), V 62
Die höchste Zahl gewinnt (G). 42
Domino (G), V. 49
Fühl-Domino (W) 144
Geben und Nehmen (G) 47
Karten anlegen (G), V 34
Klammerhüpfen (G) 40
Kniffeln nach vereinfachten Regeln (G). 45
Lügen und Betrügen (G) 32
Märchenstunde (G). 36
Mau-Mau (G), V 33
Murmelspiel (B), V 181

Obstsalat (G), V 35
Puzzeln mit geteilten Bildern (G) 56
Quartett (G) 31
Schokolade essen (G) 48
Schwarzer Peter (G) 30
Sechs zählt (G), V 43
Spielen mit Memo-Karten nach vereinfachten Regeln (G) 58
Stapeln (G), (V) 55
Was passt zusammen? (W), V 139
Wer hat das Bild? (G), V 59

Geeignet für Gruppen bis 12 Teilnehmer

ABC-Wörtersuche (D), V 80
Aktive Runde (B), V 160
Alles zählt, Eins verliert (G) 44
Anagramme (D) 88
Auf den Inhalt kommt es an! (D), V . . 110
Autorenwettbewerb (D), V 102
Beide Hände im Einsatz (D), V 128
Bewegen nach Musik (B), V 169
Bewegen und Denken(B), V 163
Bewegungen erwürfeln (B), V, V+ . . 174
Bewegungen spiegeln (B), V 161
Bewegungsgeschichten (B) 178
Bewegungskette (B) 173
Bildbetrachtung (W), V 136
Bingo (G) 61
Bitte merken! (D), V 130
Bitte weiterreichen! (B), V 171
Buchstabieren (D), V 91
Das 1x1 mal anders (D) 121
Deckel drauf (W), V 145
Der Ballon darf den Boden nicht berühren! (B), V 165
Der Erbsenpool (W), V 147
Der richtige Riecher (W)), V 153
Die große Suche (D), V 125
Die Linke im Einsatz (D), V 127
Drei in Eins (G) 68
Eier werfen (B) 180
Eine Liebesgeschichte zum Nachdenken (D) 117
Eines passt nicht! (D), V, V+ 115
Entenfüße zählen (D) 122
Erinnerungskisten (G), V 75
Fühl-Memo-Spiel (W), V 142
Fühlsack oder -kiste (W), V 140
Galgenmännchen ohne Galgen (D), V 90
Gemeinsam formulieren (D), V. 95
Geräusche erzeugen (W), V 148
Geschichten erzählen (D), V, V+ 101
Geschmacksache (W), V 152
Hör-Memo-Spiel (W), V. 150
Ich sehe was, was du nicht siehst … (W), V 132
Ja oder Nein? (D), V 123
Kalender gestalten (D), V+ 113
Kegeln (B), V. 182
Klatsch mal! (D), V 126
Knobeln mit Streichhölzern (G), V+ . . 51
Kofferpacken (D), V. 129
Lass rollen! (B), V 167
Lieder raten (D), V. 108
Liedergeschichten (D), V+ 103
Lücken füllen (D) 98
Mit allen Sinnen (W), V. 156
Moderne Kunst (G) 39
Puzzeln mit Texten (D), V 100
Rückwärts buchstabieren (D) 92
Scharade oder Pantomime (G), V 66
Schlapp hat den Hut verloren (D), V+ . .52
Sprüche klopfen (G), V 73

Stabreime und verrückte Sätze (D), V 93
Stadt – Land – Fluss (D), V 78
Stehrümchen (G) 69
Stille Post mit Berührung (W), V ...146
Summ, summ, summ (W), V 149
Superzahl (D) 120
Teekesselchen (D) 109
Teilansichten (W), V 134
Themenorientierte, selbst gestaltete Spiele (G), V+...........70
Überraschungspäckchen (W) 155
Unterschiede finden (W), V 138
Verkehrte Anatomie (D), V 124
Vernetzen (B), V 162
Was fällt mir dazu ein? (D), V 106
Was ist das? (D), V, V+............104
Wer bist du? (D), V 114
Wer kauft was? (D)...............112
Wer kennt sich aus? (D), V 82
Wie die Montagsmaler (G), V 64
Wiederherstellen (D), V 97
Wörter finden (D), V 84
Wörter und ihre Verkettung (D), V ...87
Wörtersuche mit Würfel (D), V 86
Würfeln mit einem Würfel (G), V 41
Zahlenpantomime (B), V...........176
Zuspielen mit Fliegenklatschen (B) .166
Zuwerfen nach Regeln (B), V 164

Geeignet für Gruppen bis 20 Teilnehmer

Aktive Runde (B), V 160
Autorenwettbewerb (D), V 102
Bewegen nach Musik (B), V 169
Bewegungen spiegeln (B), V 161
Bewegungen erwürfeln (B), V, V+ ..174
Bewegungsgeschichten (B) 178
Bingo (G).......................61
Bitte weiterreichen! (B), V 171
Der Ballon darf den Boden nicht berühren! (B), V...............165
Drei in Eins (G) 68
Eine Liebesgeschichte zum Nachdenken (D)..................117
Erinnerungskiste (G), V............75
Galgenmännchen ohne Galgen (D), V..........................90
Ich sehe was, was du nicht siehst ... (W), V 132
Liedergeschichten (D), V+.........103
Lücken füllen (D) 98
Scharade oder Fantomime (G), V ...66
Schlapp hat den Hut verloren (D), V+ ..52
Sprüche klopfen (G), V 73
Stille Post mit Berührung (W), V....146
Vernetzen (B), V 162
Wie die Montagsmaler (G), V 64
Zahlenpantomime (B), V..........176
Zuwerfen nach Regeln (B), V 164